Otra Forma de ...
Elegir el Cambio

Otra Forma de ... Elegir el Cambio

Edición Feminina

MANUAL DEL PARTICIPANTE

Nada J. Yorke

Bassim Hamadeh, CEO and Publisher
Amy Smith, Senior Project Editor
Abbey Hastings, Production Editor
Jess Estrella, Senior Graphic Designer
Kylie Bartolome, Licensing Specialist
Natalie Piccotti, Director of Marketing
Kassie Graves, Senior Vice President, Editorial

Printed in the United States of America.

3970 Sorrento Valley Blvd., Ste. 500, San Diego, CA 92121

CONTENIDO

APÉNDICES

INTRODUCCIÓN

Otra Forma de ... Elegir el Cambio: Manual del Participante está dirigido a personas que asisten a un grupo de intervención para maltratadores dirigido por un moderador que utiliza *Otra Forma de ... Elegir el Cambio: Manual del Facilitador*. **Este manual no les será útil a aquellos que buscan aprender por su cuenta.**

Este programa utiliza un enfoque centrado en las fortalezas, basado en la teoría relacional, ya que incorpora las mejores prácticas existentes para interactuar con mujeres que han recurrido a la fuerza contra sus parejas íntimas. Cada sesión aborda las necesidades de tratamiento específicas de cada sexo utilizando procedimientos clínicos basados en pruebas y principios del aprendizaje en adultos para promover cambios en los pensamientos, sentimientos y acciones de los participantes, abordar los factores de riesgo y necesidad delictiva y fomentar la empatía. Los debates grupales fomentan la reflexión y la responsabilidad personal, mientras que las actividades facilitan el aprendizaje de nuevas ideas y el fortalecimiento de la resiliencia.

A lo largo del programa se proyectan videos; sin embargo, rara vez se muestra el video completo, normalmente solo pequeños fragmentos que explican el principio/concepto que se está enseñando. Si se proyecta un video completo, suele interrumpirse en determinados momentos para poder responder y debatir las preguntas del material de apoyo. La mayoría de las hojas están diseñadas para rellenar los espacios en blanco, lo cual permite un mayor aprendizaje y retención del material.

El programa de 52 sesiones consta de seis fases e incluye un grupo de proceso al final de cada fase. Este grupo de proceso es una oportunidad para que las participantes se reúnan y celebren la culminación de cada fase. También es una oportunidad para reflexionar sobre lo aprendido en las sesiones anteriores y establecer nuevos objetivos para la siguiente fase. En un principio, el programa fue diseñado para grupos cerrados, pero también se ha aplicado con éxito en grupos abiertos.

Portada: Elegimos la flor de loto porque simboliza la renovación y la resistencia. Su voluntad para vivir es increíble: sus semillas son capaces de soportar miles de años sin agua y, sin embargo, pueden germinar más de dos siglos después.[1] Además, la flor de loto puede surgir maravillosamente del barro más profundo y espeso. En mi opinión, esta descripción es la que mejor se ajusta a las mujeres que participarán en este programa: resistentes y en busca de un sentido de renovación en sus vidas y sus relaciones. Espero que puedas surgir del barro más profundo y espeso de tu vida, presumiendo la belleza que existe dentro de ti.

---

1 https://www.post-gazette.com/life/garden/2007/07/27/Lotus-flowers-from-2-000-year-old-seeds-will-be-among-stars-at-benefit/stories/200707270215?pgpageversion=pgevoke

FASE I

SESIONES 1–8

LOS PUNTOS EN COMÚN

SESIÓN 1

ORIENTACIÓN/REGLAS GENERALES

OBJETIVOS:

1. Introducción al esquema y las expectativas del programa. Si se asiste a las sesiones semanales y se realizan las tareas asignadas, es posible que se produzcan cambios positivos.
2. Colaboración con otras miembros del grupo para establecer las reglas del programa de 52 semanas.
3. Observación de la empatía a la hora de relacionarse con las otras participantes.
4. Descubrimiento y práctica de un ejercicio de relajación.

PREGUNTAS FINALES DE LA SESIÓN

¿Qué te pareció nuevo, interesante y/o útil en esta lección?

____

¿Qué has aprendido sobre ti misma?

____

¿Qué aspectos de tu vida cambiarás como resultado de esta lección?

____

REGLAMENTO DEL GRUPO

Las normas del grupo (o, mejor dicho, los "comportamientos" del grupo) las establecen mejor las participantes que las líderes. Con tu grupo, intercambien ideas sobre cuáles son las reglas más importantes que te gustaría que todas siguieran y enumera los comportamientos que crees que pueden ser negativos para una buena sesión grupal.

Comportamientos grupales **importantes:**

____

____

____

____

____

____

Comportamientos grupales **negativos:**

____

____

____

____

____

____

Brené Brown habla sobre la empatía

Cuestionario audiovisual

La empatía ______________________ conexión

La simpatía ______________________ desconexión

Cuatro cualidades

1. Toma de perspectiva- ______________________ de la verdad
2. Permaneciendo ______________________ de juicios
3. Reconociendo las emociones de los demás
4. Comunicándoles que ______________________

Sintiendo ______________________ por las personas; una ______________________ vulnerable

______________________ empieza con un "al menos" (no intentes mejorar las cosas).

______________________ una respuesta hace que algo mejore ... lo que hace que algo mejore es ______________________

SESIÓN 2

INTRODUCCIÓN A LA INTELIGENCIA EMOCIONAL

OBJETIVOS:

1. Descripción de las principales categorías de emociones y del rango de sentimientos dentro de cada categoría.
2. Identificación de los cuatro factores que componen la inteligencia emocional.
3. Reflexión sobre lo que se valora y los cambios que se desean ver al finalizar el programa.
4. Aprendizaje de una nueva estrategia para controlar las respuestas emocionales.
5. Práctica de una técnica de relajación.

PREGUNTAS FINALES DE LA SESIÓN

¿Qué te pareció nuevo, interesante y/o útil en esta lección?

___

¿Qué has aprendido sobre ti misma?

___

¿Qué aspectos de tu vida cambiarás como resultado de esta lección?

___

La inteligencia emocional

Cuestionario audiovisual

La amígdala regula ________________________ .

Cuando la amígdala está lesionada, la persona es incapaz de tomar ________________________ .

Las decisiones se ven afectadas tanto por la EMOCIÓN como por la LÓGICA, lo cual = __________ pensamiento.

Los cuatro ingredientes de la inteligencia emocional:

1. Percibiendo las emociones
   - Las expresiones faciales nos ayudan a ________________________ las emociones de otras personas.
2. Comprendiendo las emociones
   - Las emociones transmiten información.
3. Promoviendo las emociones
   - Las emociones priorizan nuestro pensamiento y nos ayudan a ________________________ en lo que importa.
4. Gestionando las emociones
   - Aprender a gestionar las emociones nos permite promover determinados ________________________ de comportamientos.

Los objetivos de la inteligencia emocional:

- Puede ________________________ nuestras decisiones.
- Puede ________________________ resultados en nuestra vida.
- Construye ________________________ relaciones.

Diagrama de la inteligencia emocional

Yo misma	Yo con otras personas
AUTOCONCIENCIA Se parece a: • Ser consciente de ______________ emociones/ sentimientos • Conocernos a nosotros mismos (deseos, gustos, aversiones, etc.) • Ver a los demás como ellos podrían ______________	CONCIENCIA SOCIAL Se parece a: • Evaluar con precisión las emociones/sentimientos de las personas ______________ • Ser capaz de ______________ el punto de vista de los demás. • Ser empático y ______________ al manejar las emociones/sentimientos de los demás.
AUTOGESTIÓN Se parece a: • Capaz de controlar ______________ respuestas emocionales. • Capaz de ser flexible "en el momento". • Capaz de ver lo positivo y ______________ en las situaciones.	GESTIÓN DE LAS RELACIONES Se parece a: • Capaz de tratar con ______________ de forma eficaz. • Capaz de negociar honorablemente ______________ perjudicar a los demás, pero ______________ ser pisoteado. • Tratar ______________ con respeto.

Conociéndome a mi misma

1. Soy ____________________
2. Las personas que son importantes para mí son ____________________
3. Las cosas que son importantes para mí son ____________________
4. Algo que me gusta de mí misma es ____________________
5. El enojo ha sido un problema para mí de las siguientes maneras:
6. Lo que más me enorgullece es: ____________________
7. Uno o dos sentimientos que siento la mayor parte del tiempo, si presto atención, es/son:
   A. ____________________
   B. ____________________
8. Dos cosas que me encantan hacer son:
   A. ____________________
   B. ____________________
9. Dos cosas que creo que hago bien (y que normalmente otros están de acuerdo conmigo) son:
   A. ____________________
   B. ____________________
10. Si supiera que no puedo fallar, intentaría:
11. Cuando termine esta clase, los tres cambios que me gustaría ver en mí son:
    A. ____________________
    B. ____________________
    C. ____________________

SESIÓN 3

INDIGNACIÓN/PAUSAS: PARTE I

OBJETIVOS:

1. Aprendizaje de nuevas herramientas para el manejo de la ira, incluyendo el reconocimiento de las señales fisiológicas y conductuales de la ira.
2. Descubrimiento de cómo tomarse una pausa de forma efectiva e identificación de la diferencia entre una pausa y "salir corriendo".
3. Desarrollo de un plan o contrato de pausa.
4. Práctica de una técnica de relajación.

PREGUNTAS FINALES DE LA SESIÓN

¿Qué te pareció nuevo, interesante y/o útil en esta lección?

___

¿Qué has aprendido sobre ti misma?

___

¿Qué aspectos de tu vida cambiarás como resultado de esta lección?

___

Escala de Indignación

NO ESTOY MOLESTO/A						A PUNTO DE EXPLOTAR				
0	1	2	3	4	5	6	7	8	9	10

Sentimientos De Indignación (Niveles):

Señales físicas:

Acciones:

Pensamientos:

Consecuencias:

LOS CUATRO PASOS DE UNA PAUSA EFICAZ

Las pausas son una estrategia para reducir el conflicto, de modo que se pueda volver a discutir el problema. Nunca deben usarse para controlar o callar a tu pareja. Son una muestra de respeto hacia ti misma, hacia tu pareja y hacia la relación.

Los conflictos ocurren en las relaciones saludables y dañinas; la diferencia está en cómo se resuelve el conflicto. Por lo tanto, debes discutir con tu pareja los siguientes pasos que van a tomar para preservar la relación y mantener a salvo a ambos. El contrato de pausa es un método que puedes utilizar para informarle a tu pareja tu intención de utilizar esta estrategia, en caso de que no puedas calmarte durante la discusión.

Si tu pareja intenta impedir que te tomes una pausa necesaria, en NINGUNA circunstancia debes agredirla físicamente o comportarte de forma agresiva. Ofrécele a tu pareja la oportunidad de marcharse si el problema es el abandono; retírate a un lugar seguro y/o llama al 911 para que te ayuden a evitar una confrontación violenta.

1. Reconoce que estás indignada. Identifica las señales de tu cuerpo. Los indicios típicos son el dolor de cabeza y la tensión en el cuello y los hombros, el malestar estomacal, los temblores, las náuseas, el enrojecimiento de la cara, la elevación de la voz, el uso de insultos, el sudor en las palmas de las manos, etc.
2. Utiliza frases con "yo" y explícale a tu pareja: "yo me estoy enfadando y necesito tomarme una pausa". Reafírmale a tu pareja que realmente quieres resolver las diferencias de forma positiva y que volverás cuando hayas tenido la oportunidad de "calmarte". Deberías darle una hora aproximada de tu regreso (30-60 minutos) para retomar la discusión.
3. Márchate. Asegúrate de hacer algo positivo que te permita deshacerte de tu indignación. Al principio, puede que necesites al menos 15 minutos para dejar que tu cuerpo se "enfríe".
   a. No consumas alcohol ni drogas ilícitas mientras te tomas una pausa para distanciarte del conflicto.
   b. No recurras a personas, lugares y cosas inseguras (es decir, cualquier lugar en el que puedas estar con alguien que aumente el conflicto, apoye tu pensamiento negativo o te suministre sustancias para alterar negativamente tu pensamiento o tus acciones).
   c. No te niegues a continuar la discusión en otro momento: la pausa no es una herramienta para evitar la resolución de problemas.
4. Recuerda lo que prometiste previamente y trata de resolver el asunto con calma. Recuerda que si ignoras el asunto y no lo resuelves, resurgirá más adelante y se pelearán por lo mismo una y otra vez. Si la situación se agrava durante este proceso, vuelve al paso 1. Tómate todas las pausas que necesites para comunicarte eficazmente.

Tomar una pausa vs. Salir corriendo

¿CUÁL ES LA DIFERENCIA?

Pausa	Salir Corriendo
1.	1.
2.	2.
3.	3.
4.	4.
5.	5.
6.	6.
7.	7.

Otro(s) ____________________

RAZONES PARA SALIR CORRIENDO

Enumera lo que se protegerá si te tomas una pausa (personas, relaciones y bienes):

1. ____________________
2. ____________________
3. ____________________
4. ____________________

Enumera las razones por las que aceptas tomar una pausa:

1. ____________________
2. ____________________
3. ____________________
4. ____________________

LOS CUATRO PASOS PARA UNA PAUSA EFICAZ

1. Reconoce que estás ________________ y necesitas tomar una ________________.
2. Dile a tu pareja que necesitas una ________________.
3. Tómate los ________________ (paso muy importante, si no regresas DESPUÉS de decir que te tomas una pausa, lo más probable es que terminen en la misma discusión otra vez).
4. ________________ para discutir el asunto y ________________ si es posible, trata de entender el problema desde el punto de vista de tu pareja.
5. Si vuelves a enfadarte, tómate otra pausa.

EL CONTRATO DE PAUSA

Sé que a veces necesitaré hacer una pausa. Para asegurarme de que esto funcione, tendré que hacerle saber a ________________ que necesitaré hacer una pausa de vez en cuando. Para mí esto significará ________________ minutos. Estoy de acuerdo en que, cuando me tome una pausa, no beberé ni consumiré drogas. Estaré en los lugares seguros acordados con antelación. ________________

____

____

____

____

Haciendo estas actividades específicas:

1. ____
2. ____
3. ____
4. ____

Me comprometo a volver después de tomar una pausa para intentar resolver el conflicto y terminar la discusión. Si, por cualquier motivo, no puedo volver, me pondré en contacto con ________________ y renegociaré el horario de regreso. Si me vuelvo a enfadar, sé que puedo tomarme otra pausa.
Firma del participante en el programa:

(comparte esto con tu facilitador después de completarlo)

SESIÓN 4

INDIGNACIÓN/PAUSAS: PARTE II

OBJETIVOS:

1. Aprendizaje de más herramientas para el control de la ira, incluido el reconocimiento de las señales físicas y los efectos que esta tiene en el cuerpo.
2. Reconocimiento de los sentimientos causantes de la ira.
3. Evaluación de las consecuencias de no controlar la ira y de las razones por las que es beneficioso tomarse una pausa.
4. Evaluación de los aspectos positivos y negativos de la ira.
5. Práctica de una técnica de meditación/relajación.

PREGUNTAS FINALES DE LA SESIÓN

¿Qué te pareció nuevo, interesante y/o útil en esta lección?

___

¿Qué has aprendido sobre ti misma?

___

¿Qué aspectos de tu vida cambiarás como resultado de esta lección?

___

Video sobre la indignación

Responde las preguntas según el video:

1. ¿Cómo afecta la indignación a tu **cuerpo**?

2. Si vieras un video tuyo enfadándote, ¿qué verías?

3. ¿Qué técnicas puedes utilizar para reducir el sentimiento de indignación?

Controla tu respiración

De dos a tres minutos de respiración ____________________ pueden ____________________ tus músculos.

Relaja tus músculos de forma consciente

Desahógate y escríbelo en un diario

¿Qué te hizo molestar?

Pon las cosas en contexto

____________________ de forma racional y no emocional.

Procesa la ira sin dejar que se ____________________ de tu vida.

El iceberg de la indignación

FIGURA 4.1 Los sentimientos "que están debajo de" mi indignación ...

Diagrama de pensamiento-sentimiento-acción

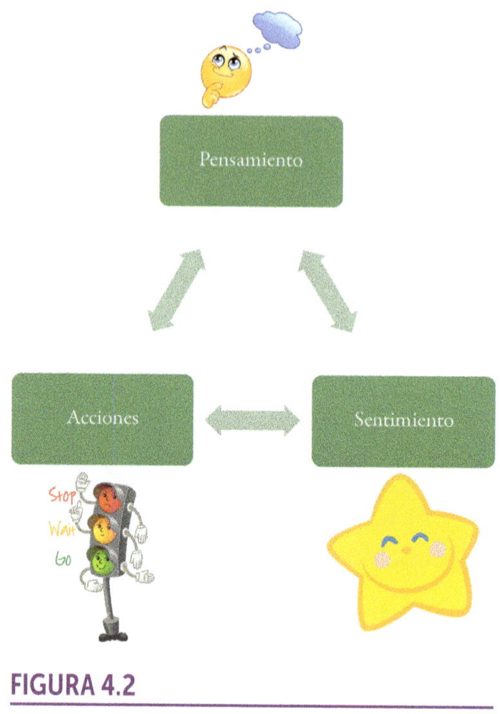

FIGURA 4.2

Balance de decisiones

SITUACIÓN #1:

Beneficios de este comportamiento:	**Consecuencias de este comportamiento:**
Beneficios de cambiar este comportamiento:	**Consecuencias de cambiar este comportamiento:**

SITUACIÓN #2:

Beneficios de este comportamiento:	**Consecuencias de este comportamiento:**
Beneficios de cambiar este comportamiento:	**Consecuencias de cambiar este comportamiento:**

SITUACIÓN #3:

Beneficios de este comportamiento:	**Consecuencias de este comportamiento:**
Beneficios de cambiar este comportamiento:	**Consecuencias de cambiar este comportamiento:**

CRÉDITOS

SESIÓN 5

LOS ESTILOS DE COMUNICACIÓN—LA MALA COMUNICACIÓN

OBJETIVOS:

1. Definición de comunicación positiva y negativa.
2. Aprendizaje de cómo una mala comunicación puede producirse sin que la otra persona haga un esfuerzo consciente.
3. Identificación de las siete formas de comunicación.
4. Interpretación y evaluación de cómo los comportamientos comunicativos (verbales, no verbales, espaciales, etc.) pueden utilizarse para comunicarse positiva o negativamente con la pareja.
5. Estudio del arte de escuchar seguido de una reflexión personal.
6. Práctica de una técnica de relajación.

PREGUNTAS FINALES DE LA SESIÓN

¿Qué te pareció nuevo, interesante y/o útil en esta lección?

___

¿Qué has aprendido sobre ti misma?

___

¿Qué aspectos de tu vida cambiarás como resultado de esta lección?

___

Las siete formas de comunicación

Comunicación	Agresiva	Asertiva	Pasiva
Verbal  Hahaha...			
No verbal Praise 			
Espacial/de proximidad 			

Comunicación	Agresiva	Asertiva	Pasiva
Por apariencia			
Por señas			
De escucha activa			
Escrita			

Los cuatro tipos de comunicación

Comunicación asertiva (yo): Defensa de los derechos propios y de los demás. Es un comportamiento que busca influir en las personas de forma adecuada, expresando los sentimientos de forma honesta, abierta y directa, con respeto mutuo.

YO GANO–TÚ GANAS

Comunicación agresiva (tú): Comportamiento y actitudes que ignoran los derechos y sentimientos de los demás. Suele ser un comportamiento que disfraza las verdaderas intenciones, es manipulador y provoca antipatía.

YO GANO–TÚ PIERDES

Comunicación no asertiva o pasiva: Actitudes y comportamientos que no respetan los derechos y sentimientos propios. Es un comportamiento que hace que el individuo ceda la responsabilidad que le corresponde.

YO PIERDO–TÚ GANAS

Comunicación pasiva-agresiva: Actitudes y comportamientos que incluyen ambas características de la comunicación agresiva y pasiva.

YO PIERDO–TÚ PIERDES

Completación de frases habladas

(Adaptado de H. Norman Wright, CES)

1. Escucharme implica ...

2. Un momento en el que mi pareja me escuchó de verdad fue ...

3. Sé que me está escuchando cuando mi pareja ...

4. Me resulta difícil escuchar a mi pareja cuando ...

5. Cuando no me escuchan, me siento ...

6. Dificulto que los demás me escuchen al ...

7. Podría escuchar mejor si ...

CRÉDITOS

IMG 5.1: Copyright © 2016 Depositphotos/Leremy.
IMG 5.2: Copyright © 2014 Depositphotos/Leremy.
IMG 5.3: Copyright © 2012 Depositphotos/Lenmdp.
IMG 5.4: Copyright © 2016 Depositphotos/Efengai.
IMG 5.5: Copyright © 2009 Depositphotos/Zoooom.
IMG 5.6: Copyright © 2018 Depositphotos/NoraVector.
IMG 5.7: Copyright © 2014 Depositphotos/File404.
IMG 5.8: Copyright © 2013 Depositphotos/Yayayoyo.

SESIÓN 6

LA COMUNICACIÓN—ESCUCHANDO/ CULPANDO/AGRADECIENDO

OBJETIVOS:

1. La enseñanza de las siete formas de comunicación y de los cuatro tipos de comunicación.
2. Análisis de las ventajas de utilizar los mensajes con "yo" y demostración de cómo utilizarlos.
3. Identificación de los dos beneficios de agradecer/la gratitud.
4. Evaluación y análisis de un ejemplo de culpabilización y consideración de opciones alternativas.
5. Práctica de una técnica de relajación.

PREGUNTAS FINALES DE LA SESIÓN

¿Qué te pareció nuevo, interesante y/o útil en esta lección?

____

¿Qué has aprendido sobre ti misma?

____

¿Qué aspectos de tu vida cambiarás como resultado de esta lección?

____

Características de los mensajes con "yo"

1. Expresan cómo te sientes por dentro.
2. Indican cómo te afecta el comportamiento del otro.
3. Le comunican a la otra persona lo que te pasa y que puedes necesitar ayuda para cambiar un comportamiento.
4. No culpan ni menosprecian a la otra persona.
5. No le dicen a la otra persona lo que tiene que hacer.
6. Mantienen una comunicación honesta con la otra persona.
7. Pueden hacer que ambas personas se sientan en igualdad de condiciones.
8. Pueden influir positivamente en la otra persona para que cambie o tal vez solucione el problema.
9. Hacen que te concentres en tus sentimientos, necesidades, deseos, pensamientos, etc.
10. Son una forma "adulta" de comunicación y reducen las rabietas infantiles para conseguir lo que queremos, necesitamos, deseamos, etc.

Brené Brown habla sobre la culpa

Cuestionario audiovisual

Buscar culpables es nuestra forma de conseguir algo parecido a ___________.

Los estudios demuestran que la "culpa" no es más que la liberación de la incomodidad, la ___________ y la ira.

Mantiene una relación inversamente proporcional con la "rendición de cuentas"; es un proceso vulnerable.

(En otras palabras, uno aumenta a medida que el otro disminuye; si aumenta nuestra culpabilización, disminuye nuestra capacidad de rendir cuentas en ___________).

Es corrosivo en las relaciones: anula nuestra capacidad de ___________.

INICIO SUAVE VS. INICIO DURO

El Dr. John Gottman explica que una estrategia de comunicación eficaz consiste en expresar lo que "queremos" de forma positiva y no acusadora, sin quejarnos ni culpar a la otra persona.

Por ejemplo: *"Me encanta que me tomes de la mano"* vs. *"¡¡¡NUNCA me tomas de la mano!!!"*.

Si mi objetivo es conseguir que mi pareja me tome de la mano más seguido, ¿qué comentario podría ayudarme a conseguir lo que quiero y cuál podría iniciar una pelea y NO ayudarme a conseguir lo que quiero?

Analicemos el ejemplo de Brené Brown y examinemos sus opciones:

Situación: Una mujer le pide a su pareja que llegue a casa a las 10 de la noche porque es consciente de que no podrá dormir si esta no está en casa. La pareja llega con 30 minutos de retraso, lo cual significa que la mujer no se ha acostado a dormir a la hora que quería; por lo tanto, probablemente ha dormido menos de lo acostumbrado y se ha tomado otra taza de café.

¿Por qué crees que colgó cuando percibió su tono de voz?

1. En esta situación, ¿quién será el responsable, según Brené, de que ella se duerma?
2. ¿Cómo le ha funcionado esto a ella?
3. ¿Culpar a su pareja resolvió el problema?
4. ¿Qué otras opciones tenía? (pista: empieza por la noche anterior)

Mensajes de expresión de gratitud

> A un hombre se le puede quitar todo excepto una cosa: la última de las libertades humanas: elegir su actitud en cualquier conjunto de circunstancias, elegir su propio camino.
>
> —Viktor Frankl

> Alegraos siempre; orad sin cesar; dad gracias en todo, porque esta es la voluntad de Dios para vosotros en Jesús Cristo.
>
> —Tesalonicenses 1, 5:16–18

> Daré gracias al Señor con todo mi corazón; contaré todas sus maravillas.
>
> —Salmo 9:1

> Vivo en el espacio del agradecimiento y he sido recompensada un millón de veces por ello. Empecé dando las gracias por cosas pequeñas, y cuanto más agradecida estaba, más aumentaba mi generosidad. Esto se debe a que aquello en lo que te centras se expande, y cuando te centras en la bondad de tu vida, creas más de ella. Las oportunidades, las relaciones e incluso el dinero fluyeron en mi camino cuando aprendí a ser agradecida sin importar lo que sucediera en mi vida.
>
> —Oprah Winfrey

> "No hay mayor diferencia entre los hombres que la que existe entre los agradecidos y los ingratos". ... Lo bonito de la gratitud es que se puede adquirir. Es algo que se puede desarrollar, construir, trabajar, practicar y obtener. Es una elección que hacemos.
>
> —R. H. Blythe

H. U. Westermayer nos recordó que la gratitud es una elección que podemos hacer independientemente de lo que nos ocurra: "Los peregrinos hicieron siete veces más tumbas que cabañas. No hay americanos más empobrecidos que esos que, sin embargo, reservan un día de acción de gracias".

El rabino Harold Kushner señaló que la gratitud es una actitud: "¿Puedes ver la santidad en aquellas cosas que das por sentadas: una carretera pavimentada o una lavadora? Si te concentras en encontrar lo que es bueno en cada situación, descubrirás que tu vida se llenará de repente de gratitud, un sentimiento que nutre el alma".

Y Sarah Breathnach lo puso en lenguaje vernacular moderno: "Sencillamente, no serás la misma persona dentro de dos meses después de dar gracias conscientemente cada día por la abundancia que existe en tu vida. Y habrás puesto en marcha una antigua ley espiritual: cuanto más tengas y agradezcas, más se te dará".

Hoja de trabajo de agradecimiento/apreciación

Nombra 3 cosas de las que estás agradecida:

1. ______________________________
2. ______________________________
3. ______________________________

Nombra 3 cualidades que te gustan de ti misma:

1. ______________________________
2. ______________________________
3. ______________________________

Nombra 3 cualidades que aprecias de tus hijos—si no tienes hijos, de tus padres:

1. ______________________________
2. ______________________________
3. ______________________________

Nombra 3 cualidades/atributos positivos que describan a tu pareja:

1. ______________________________
2. ______________________________
3. ______________________________

SESIÓN 7

LA NATURALEZA O SOCIALIZACIÓN DE LA VIOLENCIA/EL PROCESO DE CAMBIO

OBJETIVOS:

1. Análisis del proceso de cambio.
2. Evaluación de los beneficios del cambio.
3. Identificación de los fenómenos de socialización de la violencia.
4. Práctica de una técnica de relajación.

PREGUNTAS FINALES DE LA SESIÓN

¿Qué te pareció nuevo, interesante y/o útil en esta lección?

____

¿Qué has aprendido sobre ti misma?

____

¿Qué aspectos de tu vida cambiarás como resultado de esta lección?

____

Machismo

1. La ponente Sra. Zalaquett dice que el machismo amenaza la vida de los hombres, que hoy en día es un riesgo nacer hombre. Afirma que el 80% de los homicidios que se cometen en el mundo son perpetrados y sufridos por hombres. ¿Has pensado alguna vez que el machismo puede ser una amenaza para la vida de los hombres?
2. Afirma que la principal razón de las elevadas muertes entre los jóvenes es el condicionamiento cultural que empuja a los hombres a morir para demostrar su hombría. ¿Estás de acuerdo o no con esta afirmación? ¿Cuáles son las razones de tu o su creencia?
3. La Sra. Zalaquett dice que existe la creencia de que los hombres deben demostrar su hombría utilizando la violencia. Ella lo llama condicionamiento cultural. ¿Cómo crees que los hombres "demuestran" su hombría?
4. ¿Por qué crees que no se habla del peligro del machismo? Si tienes un hijo o un joven cercano en tu vida, ¿qué mensaje te gustaría que escuchara sobre su "hombría"?
5. ¿Te enseñaron que expresar sentimientos o emociones, o mostrar empatía era femenino (no masculino)? ¿Cómo ha afectado esa creencia a tu vida?
6. Dice que "lo peor que le puede pasar a un hombre es que le consideren una "nenita" y afirma que esto es un insulto que ofende no solo a las mujeres, sino también a la dimensión humana de todo hombre. ¿Has pensado en que este miedo a ser "nenita" puede ser un insulto tanto para las mujeres como para los hombres? ¿Qué opinas?
7. La Sra. Zalaquett dice que los hombres solo pueden expresar sus emociones por miedo si "están borrachos". ¿Qué opinas?
8. ¿Cuáles han sido tus preocupaciones sobre la expresión de emociones de miedo y dolor emocional?
9. ¿Cómo ha afectado el machismo al lugar de trabajo y a los roles de hombres y mujeres? ¿Sientes que, como hombre, se te define como el sostén de la familia? ¿Cómo ha sido eso un reto para ti?
10. La Sra. Zalaquett dice que el machismo no conduce al éxito en la vida, sino que a menudo lleva a la infelicidad: ¿qué has observado en los hombres de tu vida? ¿Qué hay de tu propia vida?
11. Dice que incluso la paternidad es "tabú" y que los hombres son vistos como objetos económicos y las mujeres como objetos sexuales. ¿Qué has visto o creído en tu vida? ¿Cómo te ha funcionado?
12. Comparte también que los proyectos de investigación han mostrado una reducción de la violencia en general y que personas son más felices cuando un padre está "presente" en su hogar, no solo físicamente, sino lleno de afecto, involucrado en la crianza de los hijos/as y comunicándose con ellos/ellas desde el corazón. ¿Cómo fue tu educación con tu padre? Si no estuvo "presente", ¿cómo crees que habría sido tu vida si lo hubiera estado? ¿Qué puedes hacer a partir de hoy para que esa escena se haga realidad en tu casa?

Examinar Mis Experiencias

¿Cómo fuiste socializado?

Mientras crecía ...

¿Cómo se identificaba o trataba la violencia en tu familia de origen?

¿Cuáles eran algunas de las reglas que se esperaba que siguieras en tu casa? (Horario de regreso a casa, edad para salir, tareas domésticas, hablar con tus padres, etc.)

¿Cambiaron las reglas cuando comenzaste la escuela? ¿Cómo?

¿Las reglas en tu casa eran diferentes a las reglas de las casas de tus amigos? ¿Cómo?

De adulto ...

Cuando te fuiste de la casa de tus padres, ¿cambiaron algunas reglas? ¿Cuáles? ¿Por qué?

Como padre, ¿qué reglas has mantenido (o vas a mantener)? ¿Por qué?

¿Cuáles descartaste (o vas a descartar)? ¿Por qué?

Análisis de Monitores Diarios

Por favor, revisa tus Monitores Diarios y responde las siguientes preguntas:

¿Cuántos formularios completaste? ________ Completé todos los 7. ________ 4–6 ________ 1–3 ________ No completé ninguno.

Si no completaste **todas las sesiones,** ¿cuál fue la razón? ________ No entendí el ejercicio.

________ Estaba demasiado cansado la mayoría de los días. ________ Me olvidé. ________ Pensé que no importaba. ________ Fue por otra razón.

Caja de Relajación:

¿Cuántas veces por sesión intentaste los ejercicios de relajación?

________ 1–3 ________ 4–5 ________ 6–7 veces

¿Cómo te afectó la práctica de los ejercicios de relajación?

________ No tuvo efecto. ________ Ayudó un poco. ________ Ayudó mucho.

Caja de Sueño:

¿Cuál fue la calidad de tu sueño durante la mayor parte del tiempo?

________ Buena ________ Regular ________ Mala

¿Cómo te afecta el *sueño* o la *falta de sueño* normalmente?

________ No me afecta. ________ Me afecta un poco. ________ Me afecta en gran medida.

otro ________

Caja de Agradecimiento:

¿Qué o a quién(es) agradeces **más**?

¿Cuántos días por sesión **solías** mostrar agradecimiento/aprecio a tu cónyuge/pareja?

________N/A (sin pareja) ________1–3/sesión ________4–5/sesión ________ 6–7/sesión

Si has mostrado agradecimiento/aprecio a tu cónyuge/pareja, ¿cuál ha sido su ________ reacción?

¿Qué probabilidad hay de que sigas practicando la actividad de agradecimiento?

________ Es muy probable. ________ Es algo probable. ________ No es muy probable. ________ No lo haré para nada (no encontré beneficios).

SESIÓN 8

GRUPO DE PROCESOS—¿QUÉ HAY DE NUEVO?

OBJETIVOS:

1. Discusión de lo que se ha podido aprender del material.
2. Identificación de lo que aún se desea aprender.
3. Exploración de nuestra capacidad de observación.
4. Práctica de una técnica de conexión con el entorno.

PREGUNTAS FINALES DE LA SESIÓN

¿Qué te pareció nuevo, interesante y/o útil en esta lección?

____

¿Qué has aprendido sobre ti misma?

____

¿Qué aspectos de tu vida cambiarás como resultado de esta lección?

____

Formulario de evaluación del progreso—Fase I

Copia para el estudiante

Nombre ______________________ **Fecha** __________

Grupo y sesión ______________________ **Total de sesiones hasta la fecha** __________

Evaluación del progreso fase # ______________________

Nivel de participación: En una escala del 1 al 5, califícate en las siguientes cuestiones, siendo 1 la puntuación más baja y 5 la más alta. Las preguntas miden lo que haces con más frecuencia.

Comparto información personal con el grupo/facilitador sobre mis pensamientos, sentimientos, comportamientos, éxitos y/o desafíos mientras trabajo en este programa.	**1**	**2**	**3**	**4**	**5**
Veo mejoras en esta área:	**Sí**	**No**	**No estoy segura**		
Estoy abierta a recibir comentarios de mis compañeras y/o del facilitador sin ponerme a la defensiva o retraerme.	**1**	**2**	**3**	**4**	**5**
Soy capaz de dar un una crítica constructiva a mis compañeras y/o al facilitador sin ser agresiva o grosera.	**1**	**2**	**3**	**4**	**5**
Completo los deberes para el hogar.	**1**	**2**	**3**	**4**	**5**
Asumo la responsabilidad personal de mi violencia y estoy dispuesta a compartirla con el grupo cuando sea apropiado.	**1**	**2**	**3**	**4**	**5**
Veo mejoras en esta área:	**Sí**	**No**	**No estoy segura**		
Soy capaz de ver la violencia desde el punto de vista de mi pareja y/o familiares (empatía).	**1**	**2**	**3**	**4**	**5**
Veo mejoras en esta área:	**Sí**	**No**	**No estoy segura**		

Soy capaz de reconocer mis sentimientos, pensamientos y necesidades emocionales (autoconocimiento).	**1**	**2**	**3**	**4**	**5**
Veo mejoras en esta área:	**Sí**	**No**	**No estoy segura**		
Soy capaz de compartir mis necesidades y sentimientos con mi pareja y con los demás de forma positiva (asertividad).	**1**	**2**	**3**	**4**	**5**
Veo mejoras en esta área:	**Sí**	**No**	**No estoy segura**		

La enseñanza/información que más me ha ayudado durante mis primeras 10 sesiones es:

____

____

Estoy deseando aprender más sobre:

____

____

FASE II

SESIONES 9–17

MODIFICANDO MI CONSCIENCIA

SESIÓN 9

LA EXPOSICIÓN DE LOS NIÑOS A LA VIOLENCIA/LOS PRIMEROS AUXILIOS EMOCIONALES

OBJETIVOS:

1. Capacidad para reconocer los efectos de la violencia en el cerebro de los niños en desarrollo.
2. Identificación de los efectos de la violencia en uno mismo.
3. Elección de una estrategia para proporcionarse a sí mismo primeros auxilios emocionales.
4. Identificación de las etapas de la jerarquía de necesidades de Maslow.
5. Práctica de una técnica de relajación.

PREGUNTAS FINALES DE LA SESIÓN

¿Qué te pareció nuevo, interesante y/o útil en esta lección?

____

¿Qué has aprendido sobre ti misma?

____

¿Qué aspectos de tu vida cambiarás como resultado de esta lección?

____

Primeras impresiones

Cuestionario audiovisual

1. El cerebro elabora un "plano" mental de cada experiencia nueva. V F
2. Cuanto más joven eres, más "esponjoso" es tu cerebro. V F
3. Los traumas afectan más a los niños de mayor edad que a los de menor edad. V F
4. La exposición regular (crónica) a un trauma puede hacer que los niños se "desconecten". V F
5. Gritar delante de los niños no es tan traumático como el maltrato físico. V F
6. El estado emocional de los padres puede ser "absorbido" por el bebé. V F
7. Se puede malcriar a un hijo prestándole demasiada atención. V F
8. El cerebro se desarrolla de abajo hacia arriba y de dentro hacia fuera. V F
9. Cuando los niños se preocupan por "sobrevivir", son incapaces de establecer vínculos con otras personas. V F
10. El cerebro "recuerda" las primeras experiencias y espera a que estas moldeen su desarrollo. V F

La jerarquía de necesidades de Maslow

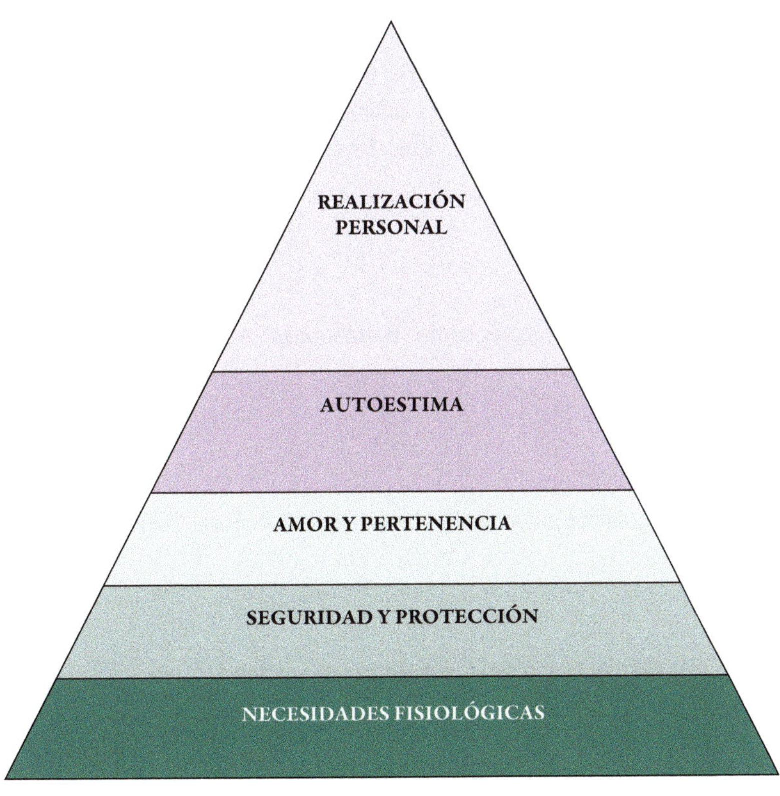

FIGURA 9.1

La dependencia emocional

Cuestionario audiovisual

—https://www.youtube.com/watch?v=zRj5M-MDzzo&list=PLj0SjEht0pQyujvYfqssFX-iTxvk4FULR&index=23

1. El orador dice que algunos adultos buscan en sus relaciones íntimas a alguien que los atienda o los cuide, mientras que otros buscan a alguien a quien cuidar o alguien a quien salvar, mientras que otros buscan a alguien a quien dominar. Según él, esto no es sano. De acuerdo con esta afirmación, ¿dónde te ves a ti misma y a los demás?

2. El orador describe las relaciones sanas como "horizontales", es decir, con autonomía e intimidad. ¿Qué opinas de sus descripciones?

3. Hemos hablado de la regulación emocional en las lecciones anteriores. ¿Qué entiendes por "corregulación"?

4. ¿Por qué crees que la corregulación de las emociones es tan difícil?

5. ¿Te sientes "segura" cuando estás sola? ¿Qué tan "segura" te sientes cuando estás con otros?

6. ¿Por qué crees que afirma que la ansiedad interpersonal es la mayor causa de disfunción sexual?

7. ¿Por qué el miedo al abandono impediría que alguien tuviera una relación sana?

8. ¿Qué te ha transmitido este orador? ¿Qué harás con el mensaje que has escuchado?

CRÉDITO

SESIÓN 10

LOS ROLES DE GÉNERO—LAS CREENCIAS, LA BIOLOGÍA Y LOS ABUSOS

OBJETIVOS:

1. Análisis de las diferencias entre hombres y mujeres.
2. Reconocimiento de cómo las diferencias de género pueden influir en los conflictos.
3. Identificación de cómo nuestro maltrato influye en nuestra pareja.
4. Elección de un comportamiento positivo en las relaciones de pareja para comenzar a utilizarlo desde hoy.
5. Práctica de una técnica de relajación.

PREGUNTAS FINALES DE LA SESIÓN

¿Qué te pareció nuevo, interesante y/o útil en esta lección?

____

¿Qué has aprendido sobre ti misma?

____

¿Qué aspectos de tu vida cambiarás como resultado de esta lección?

____

Los roles de género

Contesta a lo siguiente:

Se espera que los hombres sean ...	**Se espera que las mujeres sean ...**
• ________ • ________ • ________	• ________ • ________ • ________
Se espera que los hombres hagan ...	**Se espera que las mujeres hagan ...**
• ________ • ________ • ________	• ________ • ________ • ________
Se espera que los hombres tengan ...	**Se espera que las mujeres tengan ...**
• ________ • ________ • ________	• ________ • ________ • ________
Los hombres NO deberían ...	**Las mujeres NO deberían ...**
• ________ • ________ • ________	• ________ • ________ • ________

Una historia de dos cerebros

Cuestionario audiovisual

¿Qué parte te pareció novedosa?

¿Con qué parte de esta presentación sobre el hombre y la mujer estás de acuerdo?

¿Con qué parte de esta presentación sobre el hombre y la mujer no estás de acuerdo?

¿Qué aspectos de su presentación te ayudaron a comprender las diferencias de género en los conflictos?

Dado que estas diferencias pueden intensificar el conflicto, ¿qué puedes hacer de forma diferente?

La rueda de la agresividad femenina

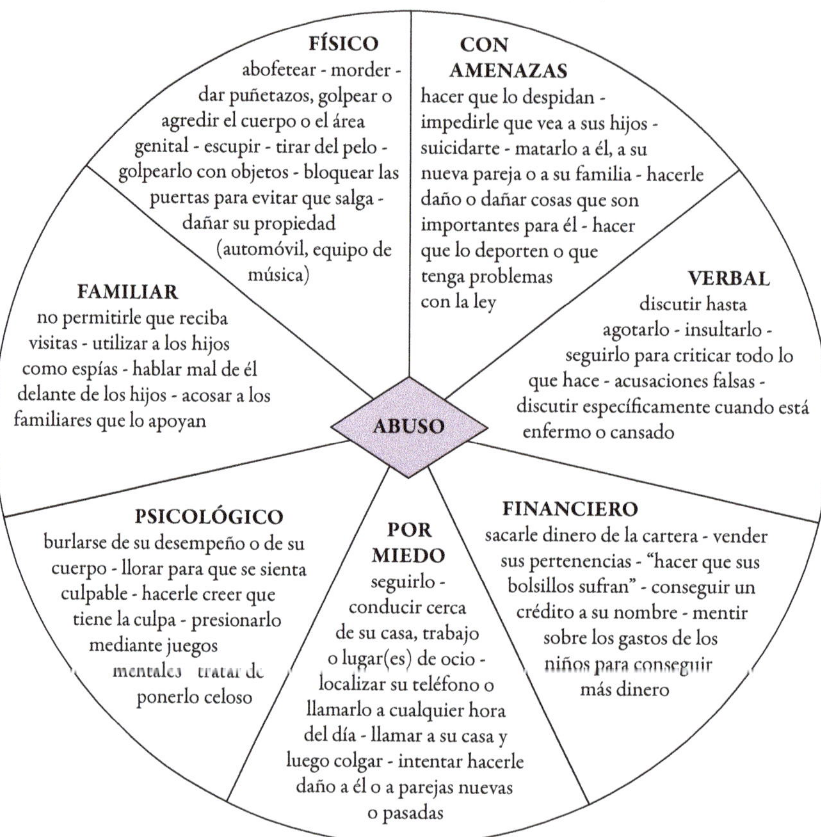

FIGURA 10.1 Rueda de la agresividad femenina

La rueda de la importancia femenina

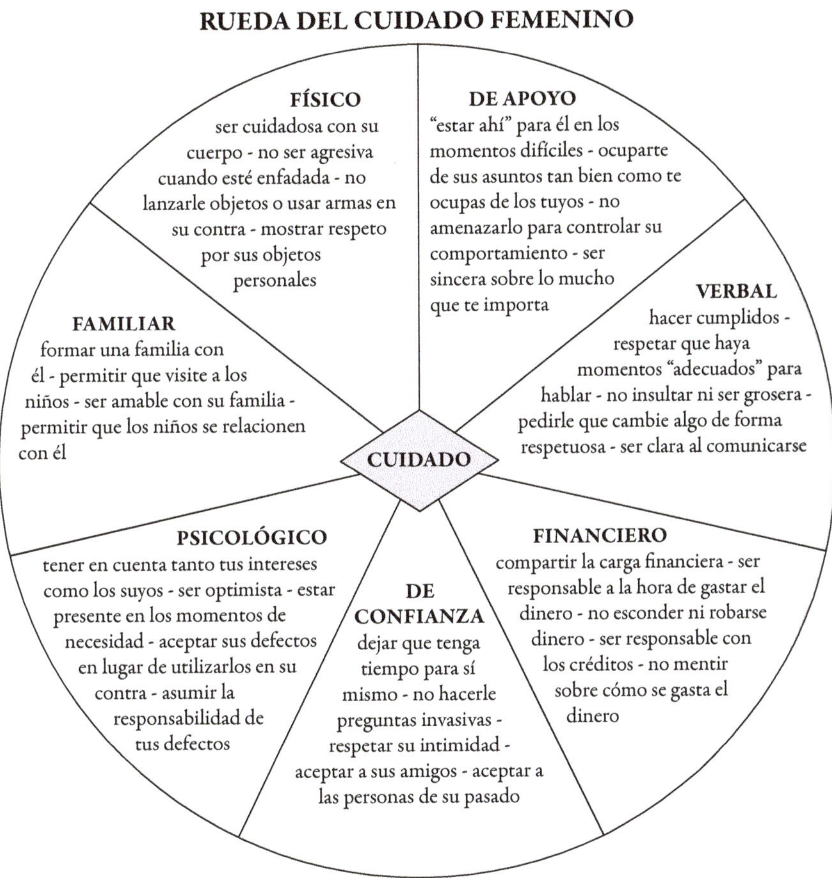

FIGURA 10.2 Rueda de la importancia femenina

CRÉDITOS

Fig. 10.1: Translated from Michele Koonin, Araceli Cabarcas, and Robert Geffner, "Female Aggression Wheel," *Treatment of Women Arrested for Domestic Violence: Women Ending Abusive/Violent Episodes Respectfully;* trans. Luis Peñaloza. Copyright © 2002 by Family Violence and Sexual Assault Institute. Translated and reprinted with permission.

Fig. 10.2: Translated from Michele Koonin, Araceli Cabarcas, and Robert Geffner, "Female Caring Wheel," *Treatment of Women Arrested for Domestic Violence: Women Ending Abusive/Violent Episodes Respectfully*; trans. Luis Peñaloza. Copyright © 2002 by Family Violence and Sexual Assault Institute. Translated and reprinted with permission.

SESIÓN 11

LA INDIGNACIÓN/ AUTO-EXAMINACIÓN

OBJETIVOS:

1. Capacidad de reconocer la ira como emoción secundaria.
2. Identificación de los sentimientos primordiales que "se manifiestan" como ira.
3. Análisis de cómo puedes "alterarte" debido a tus propias emociones.
4. Análisis de las similitudes/diferencias mediante una actividad grupal.
5. Práctica de una técnica de relajación.

PREGUNTAS FINALES DE LA SESIÓN

¿Qué te pareció nuevo, interesante y/o útil en esta lección?

____

¿Qué has aprendido sobre ti misma?

____

¿Qué aspectos de tu vida cambiarás como resultado de esta lección?

____

Sintiéndolo

Cuestionario audiovisual

1. ¿Qué "bolitas rosas" puedes identificar?

2. ¿Qué sentimientos de "ira" puedes identificar?

3. ¿Recuerdas alguna ocasión en la que hayas alcanzado un número alto en la escala de la ira, aun cuando la situación no lo mereciera? ¿Qué pensamientos o sentimientos crees que desencadenaron eso?

Hoja de trabajo de las similitudes y diferencias

¿Qué tienen en COMÚN estos objetos? Enumera todas las similitudes que puedas.

¿Cómo son DIFERENTES? Enumera todas las diferencias que puedas.

¿Qué tienen en COMÚN estos objetos? Enumera todas las similitudes que puedas.

¿Cómo son DIFERENTES? Enumera todas las diferencias que puedas.

¿Qué tienen en COMÚN estos objetos? Enumera todas las similitudes que puedas.

¿Cómo son DIFERENTES? Enumera todas las diferencias que puedas.

CRÉDITOS

SESIÓN 12

LOS TIPOS DE PERSONALIDAD—LAS EMOCIONES DE INDIGNACIÓN

OBJETIVOS:

1. Identificación de nuestro perfil de personalidad.
2. Identificación del perfil de personalidad de nuestra pareja y/o hijos.
3. Análisis de nuestro patrón de ira en función de nuestro perfil de personalidad.
4. Reconocimiento de que las personas están "programadas" de manera diferente, pero diferente no significa "malo".
5. Práctica de una técnica de relajación.

PREGUNTAS FINALES DE LA SESIÓN

¿Qué te pareció nuevo, interesante y/o útil en esta lección?

___

¿Qué has aprendido sobre ti misma?

___

¿Qué aspectos de tu vida cambiarás como resultado de esta lección?

___

Los cuatro tipos de personalidad en pocas palabras

Colérico/a (León): Es el tipo de persona dominante, fuerte, decidida, terca e incluso arrogante. Suelen ser buenos líderes porque se empeñan en hacer las cosas; sin embargo, pueden ofender a algunas personas en el camino. Los coléricos también son conocidos como el tipo "poderoso". Algunos ejemplos famosos son el expresidente George W. Bush, Oprah Winfrey, el Dr. Phil, Phil Donahue, Donald Trump, Bill Gates y Bill O'Reilly.

Melancolía (Castor): Este es el tipo mental. Su comportamiento típico consiste en pensar, evaluar, hacer listas, valorar lo positivo y lo negativo, y el análisis general de los hechos. Les encantan los mapas, las tablas y los gráficos. Suelen ser los más inteligentes de los cuatro tipos; sin embargo, tienden a detenerse en los detalles. Una persona melancólica es planificadora y se asegura de que las cosas sucedan, aunque a veces puede paralizarse con el exceso de análisis. Las listas y el "hacer las cosas bien" son características de este tipo de personalidad. Los melancólicos también son conocidos como el tipo "perfecto". Algunos ejemplos famosos son Hillary Clinton, Clint Eastwood, Ernest Hemingway, Vincent van Gogh y Beethoven.

Sanguíneo/a (Nutria): Este es el tipo social. Les gusta divertirse, socializar, charlar y contar historias, y les gusta prometer el mundo, porque eso es lo más amistoso. Una persona sanguínea se lleva bien con la gente y puede hacer que los demás se entusiasmen con los temas, pero no siempre se puede confiar en que haga las cosas. Le encanta interactuar con los demás y desempeña el papel de animador o de centro de atención en las interacciones de grupo. Tienen tendencia a prometer demasiado y a no cumplir. Los sanguíneos también son conocidos como el tipo "popular". Algunos ejemplos famosos son Bill Clinton, Robin Williams, Kelly Ripa y Richard Simmons.

Flemático/a (Golden Retriever): Este es el tipo plano. Son fáciles de llevar, relajados, despreocupados, poco excitantes y tranquilos. Desean un ambiente tranquilo y pacífico por encima de todo. Tienden a no molestar activamente a la gente, pero su indiferencia puede frustrar a las personas. Intentan no tomar decisiones y generalmente se decantan por el estatus quo. Son buenos mediadores porque no suelen tener muchos enemigos. También tienen un sentido del humor "seco" y rápido. Los flemáticos también son conocidos como el tipo "pacífico". Algunos ejemplos famosos son Calvin Coolidge, Tim Duncan, Sandy Koufax y Keanu Reeves.

Para resumir:

A un Colérico le gusta "hacer las cosas a su manera".

A un Melancólico le gusta "hacer las cosas bien".

A un Sanguíneo le gusta "hacer cosas divertidas".

Y a un Flemático le gusta "cualquier cosa".

SESIÓN 13

LAS PERCEPCIONES—EL CICLO DE LA VIOLENCIA

OBJETIVOS:

1. Reconocimiento de las diferentes percepciones de un mismo estímulo.
2. Análisis de las etapas del ciclo de la violencia.
3. Análisis de cómo nuestros pensamientos, sentimientos y acciones se relacionan con el ciclo de la violencia.
4. Práctica de una técnica de relajación.

PREGUNTAS FINALES DE LA SESIÓN

¿Qué te pareció nuevo, interesante y/o útil en esta lección?

____

¿Qué has aprendido sobre ti misma?

____

¿Qué aspectos de tu vida cambiarás como resultado de esta lección?

____

Percepciones

¿Ves a una mujer joven o una mujer mayor?

¿Ves un jarrón con pie o dos perfiles masculinos?

¿Cuántas patas tiene el elefante?

¿Cuántos casilleros hay?

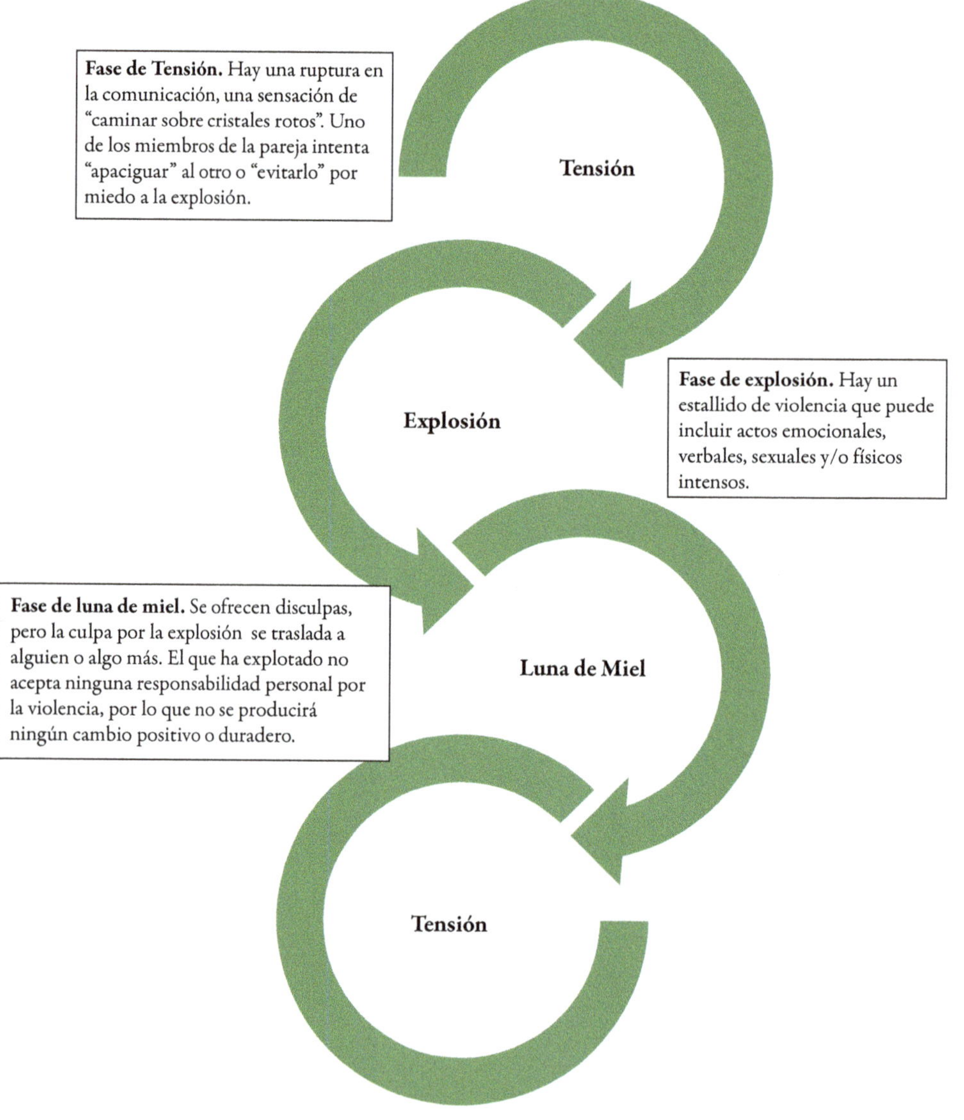

FIGURA 13.1

CRÉDITOS

IMG 13.1: Source: https://en.wikipedia.org/wiki/File:My_Wife_and_My_Mother-In-Law_(Hill).svg.

IMG 13.2: Copyright © 2014 Depositphotos/Shawlin.

IMG 13.3: Source: https://commons.wikimedia.org/wiki/File:Elephant_legs_illusion,_variant_of_Roger_Shepard%27s_L%27egsistential_paradox.png.

Fig. 13.1: Nada Yorke, *Otra Forma de... Elegir el Cambio: Manual del Participante*, p. 43. Copyright © 2023 by Cognella, Inc. Reprinted with permission.

SESIÓN 14

EL MANEJO DEL ESTRÉS PARTE I

OBJETIVOS:

1. Evaluación de nuestro nivel actual de estrés.
2. Aprendizaje de los pasos para controlar el estrés.
3. Consideración de los efectos del estrés en nuestro cuerpo y en las personas que son importantes para nosotros.
4. Práctica de un ejercicio de relajación.

PREGUNTAS FINALES DE LA SESIÓN

¿Qué te pareció nuevo, interesante y/o útil en esta lección?

___

¿Qué has aprendido sobre ti misma?

___

¿Qué aspectos de tu vida cambiarás como resultado de esta lección?

___

Prueba de clasificación del estrés

(de la lista recopilada por Thomas H. Holmes y Richard Rahe, psiquiatras)

Piensa en lo que te ha ocurrido en los últimos 12–18 meses mientras lees esta prueba. En la columna de la derecha, anota los valores de los sucesos que hayas experimentado y luego suma tu puntuación. Si el total anual es inferior a 150, probablemente no tendrás ninguna reacción adversa. Una puntuación de 150–199 indica un problema "leve", con una probabilidad de sentir el impacto del estrés con síntomas físicos. De 200 a 299, se considera que tienes un problema "moderado", con grandes posibilidades de experimentar un cambio en tu salud. Y una puntuación de más de 300 podría amenazar gravemente tu bienestar.

Se han hecho algunas modificaciones para quienes realicen esta prueba mientras viven en un centro de rehabilitación o están encarceladas.

Rango	Evento De La Vida	Clasificación Del Estrés	Tu Puntuación
1.	Muerte del conyugue	100	________
2.	Divorcio.	73	________
3.	Separación matrimonial	65	________
4.	Encarcelación	63	________
5.	Muerte de un familiar cercano	63	________
6.	Lesión o enfermedad personal	53	________
7.	Matrimonio	50	________
8.	Despido del trabajo (30 días de suspensión)	47	________
9.	Reconciliación matrimonial	45	________
10.	Jubilación (ingreso en el programa)	45	________
11.	Cambio de salud de un miembro de la familia	44	________
12.	Embarazo	40	________
13.	Dificultades sexuales	39	________
14.	Llegada de un nuevo miembro de la familia	39	________
15.	Reajuste del negocio	39	________
16.	Cambio en el estado financiero	38	________
17.	Muerte de un amigo cercano	37	________
18.	Cambio de actividad profesional	36	________

Rango	Evento De La Vida	Clasificación Del Estrés	Tu Puntuación
19.	Cambio en el número de discusiones con el cónyuge	35	______
20.	Hipoteca de más de 100.000 dólares	31	______
21.	Ejecución de hipoteca o de un préstamo	30	______
22.	Cambio de responsabilidades en el trabajo	29	______
23.	Hijo o hija que se va de la casa	29	______
24.	Problema con los suegros	29	______
25.	Logro personal sobresaliente	28	______
26.	Cónyuge que empieza o deja de trabajar	26	______
27.	Comienzo o culminación de la educación	26	______
28.	Cambio en las condiciones de vida (nuevo compañero de cuarto)	25	______
29.	Revisión de hábitos personales	24	______
30.	Problemas con el jefe (o seguridad/personal)	23	______
31.	Cambio de horario o condiciones de trabajo (cambios en el programa)	20	______
32.	Cambio de residencia (cambio de celda/habitación)	20	______
33.	Cambio de escuelas	20	______
34.	Cambio en las actividades recreativas	19	______
35.	Cambio en las actividades religiosas	19	______
36.	Cambio en las actividades sociales	18	______
37.	Hipoteca o préstamo de menos de 100.000 dólares	17	______
38.	Cambio en los hábitos de sueño	16	______
39.	Cambio en el número de reuniones familiares (visitas)	15	______
40.	Cambio en los hábitos alimenticios	15	______
41.	Vacaciones	13	______
42.	Navidades	12	______
43.	Infracciones menores de la ley (pérdida de privilegios)	11	______
		Total Personal	______

El estrés: Retrato de un asesino

Cuestionario audiovisual

PARTE I

1. El cerebro libera sustancias químicas ________ mediante el estrés: adrenalina y glucocorticoides. Son la "columna vertebral" de la respuesta al estrés. Los científicos las describen como ________ para nuestra supervivencia.

2. Respuesta al estrés = crisis inmediata en curso.

   Los animales la apagan cuando ha pasado el peligro.

   Los humanos no pueden encontrar el interruptor de ________ cuando el peligro ha pasado.

3. ¿Qué le ocurre a nuestro cuerpo en situaciones de estrés?

   La presión arterial ________ , el oxígeno se bombea a los pulmones para correr mejor, los músculos responden al instante, lo no esencial se ________ .

4. La diferencia en los humanos es que nosotros respondemos al estrés psicológicamente, no por razones físicas, pero las hormonas ________ se liberan de todos modos.

5. Nuestro objetivo es tener el tipo de estrés "correcto". Estar ________ plazo en un entorno relativamente "seguro". (montaña rusa)

6. Un gran componente del estrés es ________ de control; ________ de previsibilidad.

7. Así como el hombre de la película, ¿alguna vez te has sentido como una "clavija cuadrada en un agujero redondo"? ¿Lo reconoces como un factor estresante? ¿Por qué crees que ser criticado por su jefe le causó una respuesta estresante?

8. Anteriormente, ¿cuál creíamos que era la única enfermedad relacionada con el estrés?

9. ¿Qué sistema "apaga" el cuerpo durante un episodio estresante? El sistema ________ .

10. Cuándo el médico dice que debemos cuidarnos del estrés, ¿por qué lo dice? Puede provocar un ataque ________ debido a que el estrés obstruye la placa de las arterias.

11. ¿Qué funciones del cerebro se ven afectadas por el estrés? La memoria y ________ .

12. Si de niña fuiste expuesta a experiencias estresantes (por ejemplo, violencia doméstica o en las calles; padres que abusan de sustancias y que no pueden atender tus necesidades básicas), ¿cómo podría el estrés en tu cerebro influir en tus habilidades y tu progreso académico?

13. ¿Qué se dijo respecto a la conexión entre el estrés y el placer?

14. ¿Lo verdaderamente importante es el estatus social, o cómo te "sientes" respecto a tu estatus social?

10 estrategias para reducir el estrés

Cuando el estrés nos alcanza, hay estrategias que podemos utilizar para reducir sus efectos:

1. Uno de los métodos consiste en simplemente respirar profundamente. Esto aumenta el oxígeno que llega a tu sistema, lo cual casi instantáneamente te ayuda a relajarte (y por eso la gente cree que se relaja fumando, cuando es en realidad la inhalación profunda que hacen del cigarrillo).
2. Otra consiste en dedicar tiempo a cuidarnos y hacer algo agradable que reduzca el estrés (véase la lista que hizo anteriormente. Tan solo 15 minutos pueden ayudar a liberar la mente del estrés y a relajar el cuerpo.
3. Dormir bien por la noche es útil para que el cerebro se recargue. Los estudios demuestran que todos necesitamos entre 7 y 8 horas cada noche. Dormir también le permite al cerebro considerar otras alternativas que podrían no haber sido obvias durante el estrés del día.
4. Hacer una lista de las cosas por las que estás agradecido. La Biblia está llena de versículos que hablan de esta verdad. La ciencia nos dice que tener una perspectiva de agradecimiento realmente "cambia" el cerebro.
5. Conocer tus limitaciones y lo que realmente puedes manejar, y luego aprender a decir que no cuando sea necesario.
6. No culparte por las cosas que suceden fuera de tu control.
7. Pedir ayuda cuando no puedas hacerlo todo: te sorprenderías de lo mucho que puedes delegar (véase la lista de recursos que ya se hizo).
8. Escribir lo que te molesta y evaluar lo que podrías hacer de forma diferente.
9. Si hay muchas cosas con las que lidiar, escribe todo lo que tienes que hacer y luego prioriza las actividades/responsabilidades según el tiempo que necesites y el momento en que las harás.
10. Recuerda la Oración de la Serenidad que se utiliza en los grupos de recuperación: hay una gran sabiduría y paz en esta oración.

"Dios me conceda la serenidad para aceptar las cosas que no puedo cambiar; el valor para cambiar las cosas que sí puedo; y la sabiduría para conocer la diferencia".

Mi Plan de Inoculacióndel Estrés

1. **Humor.** Haz una lista de tres a cinco cosas divertidas/tontas que te hagan reír. Pueden ser películas, personas,actividades, etc.
2. **Aliviadores del estrés.** Haz una lista de tres a cinco cosas que te gusta hacer para aliviar el estrés y calmarte.
3. **Cambios a realizar.** Haz una lista de entre tres y cinco cambios que podrías hacer para disminuir tu nivel de estrés.
4. **Recursos a los que acceder.** Haz una lista de tres a cinco recursos que podrían ser útiles para reducir tu estrés (por ejemplo: personas, organizaciones, actividades como clases educativas, ...).

SESIÓN 15

EL MANEJO DEL ESTRÉS PARTE II

OBJETIVOS:

1. Reconocimiento de los efectos del estrés en nuestro cuerpo y en los bebés.
2. Aprendizaje de dos acciones saludables para controlar el estrés.
3. Aprendizaje e identificación de nuestros desencadenantes de estrés.
4. Aprendizaje de las herramientas de autocuidado saludable.
5. Práctica de un ejercicio de relajación.

PREGUNTAS FINALES DE LA SESIÓN

¿Qué te pareció nuevo, interesante y/o útil en esta lección?

____

¿Qué has aprendido sobre ti misma?

____

¿Qué aspectos de tu vida cambiarás como resultado de esta lección?

____

Mis fuentes de estrés

1. Enumera tres circunstancias/situaciones que te causan estrés.
   -
   -
   -
2. Enumera tres síntomas (físicos, emocionales o de comportamiento) que te indican que estás estresada.
   -
   -
   -
3. Comprueba los rasgos de carácter[1] que te describen y pueden estar aumentando tus niveles de estrés:
   - El Preocupado
     - Anticipa el peor escenario posible
     - Sobrestima las probabilidades de que ocurra algo malo
     - Su expresión favorita es: "¿Qué pasa si ... ?"
   - El Crítico
     - Hace énfasis en los defectos y limitaciones
     - Tiende a ignorar las cualidades positivas y a enfatizar los puntos débiles
     - Se menosprecia y se compara con los demás
     - Sus expresiones favoritas están llenas de menosprecio personal
   - La Víctima
     - Se siente desamparado y sin esperanza
     - Cree que es inherentemente imperfecto (indigno, defectuoso, etc.)
     - Cree que nada va a cambiar
     - Sus expresiones favoritas son: "No puedo" o "Nunca voy a poder, ... "
   - El Perfeccionista
     - Se esfuerza constantemente por mejorar
     - Cree que los esfuerzos no son suficientes
     - No tolera errores ni contratiempos
     - Sus expresiones favoritas incluyen: "debería", "tengo que", "debo"

---

[1] Ideas extraídas de *The Anxiety & Phobia Workbook* (La Ansiedad y la Fobia), 4ª ed., de Edmund J. Bourne, Harbinger Publications, pp. 164–165.

El estrés: Retrato de un asesino

Cuestionario audiovisual:

PARTE II

1. ¿Qué mostraron los estudios de la hambruna de Holanda sobre el efecto del estrés en un niño aún sin nacer, incluso 60 años después? ¿Qué "cicatrices" siguen presentes? Problemas ________ ; más sensibles a ________ ; ________ salud en comparación con sus compañeros. Vulnerables a los trastornos psiquiátricos; dificultad para manejar su ________ .

2. ¿Qué te dice eso sobre los efectos del estrés en una madre embarazada o en su hijo/a aún sin nacer?

3. ¿Qué grupo cae en la categoría de grupo altamente estresado? Las madres de niños ________ . Especialmente cuando cuidan de un/a niño/a con una enfermedad crónica.

4. ¿Cómo reunirse con otras personas para discutir los problemas puede ayudar a que el cerebro sane? Aumenta las enzimas de los telómeros. ¿Qué es lo que ayuda? ________ , especialmente cuando se conecta con otros, arreglando nuestras vidas.

5. ¿Qué hecho interesante descubrió el científico tras investigar las muertes de las tropas de babuinos? Agresivos y ________ , los babuinos conectados socialmente murieron. Los machos restantes eran los "buenos". ¿Cómo cambió la cultura? ¿Cuánto tiempo tardó el macho adolescente en cambiar? Unos ________ meses. ¿Cuáles fueron los beneficios para la sociedad de los babuinos después de este cambio?

6. ¿Cuál es un antídoto contra el estrés? Un lugar donde tenemos ________ . ¿En qué aspecto de tu vida puedes tener más control "sano"?

7. ¿Qué nos enseñan los babuinos para que nuestra sociedad y nuestras familias puedan prosperar? A ________ en lugar de recibir, ________ descargar tus frustraciones en alguien, socializar y conseguir ________ con los demás.

Mi plan de inoculación del estrés

1. Humor

   Haz una lista de tres a cinco cosas divertidas/tontas que te hagan reír. Pueden ser películas, personas, actividades, etc.
   -
   -
   -
   -
   -

2. Aliviantes del estrés

   Haz una lista de tres a cinco cosas que te gusta hacer para aliviar el estrés y calmarte.
   -
   -
   -
   -
   -

3. Cambios a realizar

   Haz una lista de entre tres y cinco cambios que podrías hacer para disminuir tu nivel de estrés.
   -
   -
   -
   -
   -

4. Recursos a los que acceder

   Haz una lista de tres a cinco recursos que podrían ser útiles para reducir tu estrés (por ejemplo: personas, organizaciones, actividades como clases educativas, etc.).
   -
   -
   -
   -
   -

SESIÓN 16

LA SOCIALIZACIÓN DE LA VIOLENCIA—EL PERDÓN Y LOS LÍMITES

OBJETIVOS:

1. Consciencia de cómo nos impactaron las experiencias de la infancia.
2. Intercambio de experiencias de socialización con las demás participantes.
3. Consideración de los límites saludables y no saludables.
4. Consideración del acto de perdonar como método de autocuidado.
5. Práctica de una técnica de relajación.

PREGUNTAS FINALES DE LA SESIÓN

¿Qué te pareció nuevo, interesante y/o útil en esta lección?

____

¿Qué has aprendido sobre ti misma?

____

¿Qué aspectos de tu vida cambiarás como resultado de esta lección?

____

Examinando mis experiencias

¿Cómo fuiste socializada?

Mientras crecías ...

¿Cómo se identificaba o abordaba la violencia en tu familia?

¿Cuáles eran algunas de las normas que se esperaba que obedecieras en tu casa (por ejemplo, horario de llegada, edad para tener citas, tareas domésticas, hablar claramente con tus padres)?

¿Esas normas cambiaron cuando comenzaste tu educación? ¿En qué sentido?

¿Las normas de tu casa eran diferentes a las de tus amigos? ¿En qué sentido?

Como adulta ...

Cuando te fuiste de casa, ¿cambiaron algunas normas? ¿Cuáles? ¿Por qué?

Como padre, ¿qué normas has mantenido (o mantendrás)? ¿Por qué?

¿Cuáles has descartado (o descartarás)? ¿Por qué?

Los límites

Según Brené Brown, un límite es "lo que está bien" y "lo que no está bien".

¿Qué es un límite para ti?

¿Por qué son importantes los límites?

Los límites existen en nuestra

Mente

Emociones

Cuerpo

¿Cómo pueden ser vulnerados o ignorados?

¿Qué es un límite saludable?

¿Cómo podemos establecer límites saludables?

Sabiendo lo que ______________________ y lo que no ______________________.

Que nuestro "sí" sea ______________________ y nuestro "no" sea ______________________.

Comunicar claramente los deseos de ______________________.

Respetando los límites de ______________________.

Perdonar de verdad

Cuestionario audiovisual

Pregunta: *¿Es posible que alguien perdone demasiado rápido?*

1. ¿Por qué lo hacen?
   a. Ellos ______________ entienden lo que es el perdón.
2. ¿Qué se dicen a sí mismos?
   a. Yo ______________ recuperar esta relación.
   b. Yo ______________ mucho esta relación.
   c. No siento que vaya a ______________ sin esta persona.
3. ¿Por qué perdonan demasiado rápido?
   a. ______________ de sus sentimientos.
   b. ______________ de reconocer lo heridos que están.
   c. ______________ del proceso de duelo.
4. Cuando nos sentimos heridos, necesitamos ______________ para superarlo. Recortamos el proceso cuando no nos tomamos tiempo para ______________ el dolor y la pérdida.
5. Pasos generales para el perdón:
   a. Reconocer el dolor; sentirlo y trabajar esos sentimientos.
   b. El perdón es una cualidad dentro de ______________ de nosotros.
   c. Hemos normalizado la ira, el dolor y la amargura, pero la compasión y el perdón están ______________ dentro de nosotros.
   d. Debemos reconocer nuestra ira egoísta y preguntarnos: "¿le he deseado ______________ a la otra persona?".

Pregunta: *¿Debemos decirles a los demás que los hemos perdonado?* ______________

1. Otras personas pueden no ver las cosas de la ______________ manera que nosotros.
   a. Estar en la misma ______________ página.
2. Lo que importa es que mi corazón esté ______________ para ellos.

Pregunta: *¿Qué tan importante es identificar un evento cuando estamos enojados?*

3. Haz una investigación.
   a. Examínalo. ¿Qué es lo que me molesta ______________ ?
   b. Pregúntales a otras personas que puedan tener información.

Pregunta: *¿Sobre qué tengo más conversaciones?*

1. ¿Juicios, críticas, quejas, frustraciones?
   a. Si es así, ¡puede que seas más de ______________ que de perdonar!
2. ¿Belleza, gratitud, amor, perdón?
3. Algunos pasos básicos para hacer las cosas de otra manera:
   a. ______________ sobre la bondad.
   b. Ayudar a las personas a convertirse en ______________ .
   c. Hacer lo que pueda para llenar mi reserva de ______________ .

SESIÓN 17

GRUPO DE PROCESOS—¿AHORA QUÉ SABES?

OBJETIVOS:

1. Identificación de qué nueva habilidad o información has aprendido desde que comenzaste el programa.
2. Reconocimiento de lo que has aprendido sobre ti misma.
3. Examinación de qué objetivos establecerás durante el programa.
4. Práctica de una técnica de relajación.

PREGUNTAS FINALES DE LA SESIÓN

¿Qué te pareció nuevo, interesante y/o útil en esta lección?

____

¿Qué has aprendido sobre ti misma?

____

¿Qué aspectos de tu vida cambiarás como resultado de esta lección?

____

Formulario de evaluación del progreso—Fase II

COPIA PARA EL ESTUDIANTE

Nombre ______________________________ **Fecha** ____________

Grupo y sesión ________________________ **Total de sesiones hasta la fecha** ____________

Nivel de participación: En una escala del 1 al 5, califícate en las siguientes cuestiones, siendo 1 la puntuación más baja y 5 la más alta. Las preguntas miden lo que haces con más frecuencia.

Comparto información personal con el grupo/facilitador sobre mis pensamientos, sentimientos, comportamientos, éxitos y/o desafíos mientras trabajo en este programa.	**1**	**2**	**3**	**4**	**5**
Veo mejoras en esta área:	**Sí**	**No**	**No estoy segura**		
Estoy abierta a recibir comentarios de mis compañeras y/o del facilitador sin ponerme a la defensiva o retraerme.	**1**	**2**	**3**	**4**	**5**
Veo mejoras en esta área:	**Sí**	**No**	**No estoy segura**		
Soy capaz de dar un crítica constructiva a mis compañeras y/o al facilitador sin ser agresiva o grosera.	**1**	**2**	**3**	**4**	**5**
Veo mejoras en esta área:	**Sí**	**No**	**No estoy segura**		
Completo los deberes para el hogar.	**1**	**2**	**3**	**4**	**5**
Veo mejoras en esta área:	**Sí**	**No**	**No estoy segura**		
Asumo la responsabilidad personal de mis sentimientos y estoy dispuesta a cuestionar mis pensamientos cuando son negativos o autodestructivos.	**1**	**2**	**3**	**4**	**5**
Veo mejoras en esta área:	**Sí**	**No**	**No estoy segura**		

Soy capaz de ver las situaciones desde el punto de vista de mi pareja y/o familiares cuando no estamos de acuerdo (empatía).	**1**	**2**	**3**	**4**	**5**
Veo mejoras en esta área:	**Sí**	**No**	**No estoy segura**		
Soy capaz de reconocer mis sentimientos, pensamientos y necesidades emocionales (autoconciencia).	**1**	**2**	**3**	**4**	**5**
Veo mejoras en esta área:	**Sí**	**No**	**No estoy segura**		
Soy capaz de compartir mis necesidades y sentimientos con mi pareja y con los demás de forma positiva (asertividad).	**1**	**2**	**3**	**4**	**5**
Veo mejoras en esta área:	**Sí**	**No**	**No estoy segura**		

Con respecto a mis relaciones/crecimiento personal, siento que he mejorado:

____

____

Todavía se me dificulta y necesito mejorar en esta área:

____

____

FASE III

SESIONES 18–26

DESAFIANDO MIS CREENCIAS

SESIÓN 18

LAS EXPERIENCIAS ADVERSAS EN LA INFANCIA Y LA RESILIENCIA

OBJETIVOS:

1. Identificación de varias secuelas en adultos con experiencias adversas en la infancia.
2. Descubrimiento de nuestra puntuación EAI.
3. Reconocimiento de nuestros factores de resiliencia.
4. Identificación y elección de una o dos áreas en las que podemos reforzar nuestra resiliencia y la de nuestra pareja e hijos, si corresponde.
5. Práctica de una técnica de relajación.

PREGUNTAS FINALES DE LA SESIÓN

¿Qué te pareció nuevo, interesante y/o útil en esta lección?

___

¿Qué has aprendido sobre ti misma?

___

¿Qué aspectos de tu vida cambiarás como resultado de esta lección?

___

Cuestionario para adultos con experiencias adversas en la infancia

Comité Consultivo Clínico del Cirujano General de California

Nuestras relaciones y experiencias, incluso las de la infancia, pueden afectar nuestra salud y bienestar. Las experiencias difíciles de la infancia son muy comunes. Díganos si ha tenido alguna de las experiencias enumeradas a continuación, ya que pueden estar afectando su salud hoy o pueden afectar su salud en el futuro. Esta información lo ayudará a usted y a su proveedor a comprender mejor cómo trabajar juntos para apoyar su salud y bienestar.

Instrucciones: A continuación hay una lista de 10 categorías de Experiencias Adversas en la Infancia (ACEs por sus siglas en inglés.) En la lista a continuación, coloque una marca de verificación junto a cada categoría de ACEs que experimentó antes de cumplir 18 años. Luego, sume el número de categorías de ACE que experimentó y coloque el número total en la parte inferior.	
¿Sintió que no tenía suficiente para comer, tenía que usar ropa sucia o no tenía a nadie que lo protegiera o lo cuidara?	☐
¿Perdió a uno de sus padres a causa de divorcio, abandono, muerte u otra razón?	☐
¿Vivió con alguien que estaba deprimido, enfermo mental o intentó suicidarse?	☐
¿Vivió con alguien que tuvo problemas del alcohol y/o drogas, incluyendo medicamentos recetados?	☐
¿Sus padres o algún adulto en su casa alguna vez se golpearon o amenazaron con lastimarse?	☐
¿Vivió con alguien que fue a la cárcel o prisión?	☐
¿Alguna vez uno de sus padres o algún adulto en su casa le ha insultado o menospreciado?	☐

ACES Aware, "Cuestionario para Adultos de Experiencias Adversas en la Infancia," https://www.acesaware.org/wp-content/uploads/2019/11/ACEs-Screener-Identified-Spanish.pdf.

¿Alguno de sus padres o algún adulto en su hogar alguna vez lo golpeó, pateó o lastimó físicamente de alguna manera?	☐
¿Sintió que nadie en su familia lo quería o pensaba que era especial?	☐
¿Experimentó contacto sexual no deseado (como manosear / penetración oral / anal / vaginal)?	☐
Su calificación ACE es el número total de respuestas marcadas	

¿Usted cree que estas experiencias han afectado a su salud? ◯ No mucho ◯ Algo ◯ Mucho

Las experiencias en la infancia son solo una parte de la historia de vida de una persona.

Hay muchas maneras de sanar a lo largo de nuestra vida.

Háganos saber si tiene preguntas sobre privacidad o confidencialidad.

Prueba de resiliencia

de Nan Henderson, MSW[1]

PARTE 1

¿En tu vida tienes las condiciones que, según las investigaciones, ayudan a las personas a ser resilientes?

Las personas se recuperan de las tragedias, los traumas, los riesgos y el estrés si tienen las siguientes condiciones "protectoras" en sus vidas. Cuantas más veces respondas afirmativamente (a continuación), más posibilidades tendrás de recuperarte de los problemas "con más fuerza y más inteligencia". Y hacer eso es una manera segura de aumentar tu autoestima.

Responde sí o no a lo siguiente. Celebra tus respuestas afirmativas y decide cómo puedes cambiar tus respuestas negativas por afirmativas. (También puedes responder "a veces" si eso es más preciso que simplemente "sí" o "no").

1. Cuidado y apoyo

   Tengo varias personas que me dan amor incondicional, que me escuchan sin juzgar, y que sé que "están aquí para mí".

   ________ Participo en un grupo escolar, laboral, religioso o de otro tipo en el que me siento cuidado/a y valorado/a.

   ________ Me trato a mí mismo/a con amabilidad y compasión y tomo tiempo para cuidarme (incluyendo comer bien y dormir lo suficiente y hacer ejercicio).

2. Altas expectativas de éxito

   ________ Tengo varias personas que me hacen saber que creen en mi capacidad para triunfar.

   ________ Recibo el mensaje de "puedes tener éxito" en mi trabajo o escuela.

   ________ Creo en mí mismo/a la mayor parte del tiempo y, por lo general, me doy mensajes positivos sobre mi capacidad para lograr mis objetivos, incluso cuando encuentro dificultades.

---

[1] Nan Henderson es presidenta de *Resiliency in Action* (Resiliencia en Acción). Ha publicado numerosos libros y artículos sobre "la resiliencia" y se la considera una experta nacional en el tema. Para más información sobre Nan y su cronograma de charlas y presentaciones, visitar: https://www.resiliency.com/about/

3. Oportunidades de participación significativa

_______ Mi voz (opinión) y mi elección (lo que quiero) son escuchadas y valoradas en mis relaciones personales cercanas.

_______ Mis opiniones e ideas son escuchadas y respetadas en mi trabajo o escuela.

_______ Me ofrezco como voluntario/a para ayudar a otros o a una causa en mi comunidad, organización religiosa o escuela.

4. Vínculos positivos

_______ Participo en uno o más pasatiempos o actividades positivos después del trabajo o de la escuela.

_______ Participo en uno o más grupos (como un club, una comunidad religiosa o un equipo deportivo) fuera del trabajo o la escuela.

_______ Me siento "cercano" a la mayoría de las personas de mi trabajo o escuela.

5. Límites claros y coherentes

_______ La mayoría de mis relaciones con amigos y familiares tienen límites claros y saludables (que incluyen el respeto mutuo, la autonomía personal y que cada persona en la relación dé y reciba).

_______ Tengo expectativas y normas claras y coherentes en mi trabajo o en mi escuela.

_______ Establezco y mantengo límites saludables para mí mismo, defendiéndome, no dejando que otros se aprovechen de mí y diciendo "no" cuando lo necesito.

6. Habilidades para la vida

_______ Tengo (y utilizo) buenas habilidades de escucha, de comunicación honesta y de resolución de conflictos saludables.

_______ Tengo la formación y las habilidades que necesito para hacer bien mi trabajo, o todas las habilidades que necesito para que me vaya bien en la escuela.

_______ Sé cómo establecer un objetivo y dar los pasos necesarios para conseguirlo.

PARTE 2

Las personas también superan con éxito las dificultades de la vida recurriendo a cualidades internas que las investigaciones han demostrado que son especialmente útiles cuando se enfrentan a una crisis, un factor de estrés importante o un trauma.

La siguiente lista puede usarse como un catálogo para el "desarrollo de la resiliencia personal"; sin embargo, nadie tiene todo lo que hay en esta lista. Cuando "las cosas se ponen difíciles", probablemente tengas tres o cuatro de estas cualidades que utilizas de forma más natural y con mayor frecuencia.

Resulta útil saber cuáles son tus principales generadores de resiliencia, cómo los has utilizado en el pasado y cómo puedes utilizarlos para superar los retos actuales de tu vida.

También puedes decidir añadir uno o dos de ellos a tu catálogo de "constructores de resiliencia", si crees que te resultarán útiles.

GENERADORES DE RESILIENCIA PERSONAL (CUALIDADES INDIVIDUALES QUE FACILITAN LA RESILIENCIA)

Pon un signo + junto a los tres o cuatro principales generadores de resiliencia que utilizas con más frecuencia. Pregúntate cómo los has utilizado en el pasado o cómo los utilizas actualmente. Piensa en la mejor manera de aplicar estos forjadores de la resiliencia a los problemas, crisis o factores de estrés actuales.

(Opcional) A continuación, puedes poner una T junto a uno o dos generadores de resiliencia que creas que deberías añadir a tu repertorio personal

Relaciones—Sociabilidad/habilidad de ser amigo/a y habilidad para formar relaciones positivas.

Para mí, esto significa: ____

- Servicio-Ofrecerse a sí mismo/a para ayudar a otras personas, animales, organizaciones y/o causas sociales
- Para mí esto significa: ____
- Creatividad-Expresarme a través del esfuerzo artístico, o a través de otros medios de creatividad
- Para mí esto significa: ____

Para lo siguiente, califícate utilizando esta escala de 1 a 10:

Necesito hacer esto	*Ya lo hago de vez en cuando*	*Lo hago muy a menudo*
1 2 3 4	*5 6 7*	*8 9 10*

- Humor-Tener y utilizar un buen sentido del humor puede aumentar mi puntuación a través de: ________
- Dirección interna-Basar las elecciones/decisiones en la evaluación interna (locus de control interno). ¿Cómo puedo aumentar mi puntuación?: ________
- Perceptividad-Comprensión profunda de las personas y las situaciones. ¿Cómo puedo aumentar mi puntuación?: ________
- Independencia-Distanciamiento "adaptativo" de personas y situaciones insanas/autonomía. ¿Cómo puedo aumentar mi puntuación?: ________
- Visión positiva del futuro personal-Optimismo; esperar un futuro positivo. ¿Cómo puedo aumentar mi puntuación?: ________
- Flexibilidad-Poder adaptarse a los cambios; poder adaptarse según sea necesario para hacer frente a las situaciones de forma positiva. ¿Cómo puedo aumentar mi puntuación? ________
- Amor por el aprendizaje-Capacidad y conexión con el aprendizaje. ¿Cómo puedo aumentar mi puntuación?: ________
- Automotivación-Iniciativa interna y motivación positiva desde dentro. ¿Cómo puedo aumentar mi puntuación?: ________
- Competencia-Ser "bueno/a en algo"/competencia personal. ¿Cómo puedo aumentar mi puntuación?: ________
- Autoestima-Sentimientos de autoestima y confianza en sí mismo/a. ¿Cómo puedo aumentar mi puntuación?: ________
- Espiritualidad-Fe personal en algo mayor. ¿Cómo puedo aumentar mi puntuación?: ________
- Perseverancia-Seguir adelante a pesar de las dificultades; no rendirse ¿Cómo puedo aumentar mi puntuación?: ________

La mejor manera de ayudarte a ti mismo/a o a otra persona a ser más resiliente es ...

7. Comunicar la actitud de resiliencia: "Lo que está bien en ti es más grande que todo lo que está mal en ti".

   Describe cómo podrías hacer esto con tu pareja (y/o la madre o el padre de tus hijos). ________

   ____

   ____

   ____

   Describe cómo podrías hacer esto con otra persona en tu vida (tus hijos, padres, otros).

   ____

   ____

   ____

8. Centrarse en los puntos fuertes de la persona más que en los problemas y debilidades, y preguntarse: "¿Cómo pueden utilizarse estos puntos fuertes para superar los problemas?". Una forma de hacerlo es ayudarse a sí mismo/a o a otra persona a identificar y utilizar de la mejor manera posible los principales elementos de resiliencia personal enumerados en el *Cuestionario de resiliencia, Parte 2.*

   Describe cómo podrías hacer esto con tu pareja (y/o la madre o el padre de tus hijos). ________________

   ____

   ____

   ____

   Describe cómo podrías hacer esto con otra persona en tu vida (tus hijos, padres, otros).

   ____

   ____

   ____

9. Proporcionarse a uno/a mismo/a o a otro/a las condiciones enumeradas en el *Cuestionario de resiliencia, Parte 1.*

   Al repasar la primera parte, ¿a quién puedes ayudar a mejorar su puntuación de resiliencia?

   ____

10. Tener paciencia-recuperarse con éxito de un trauma o crisis importante lleva tiempo.

SESIÓN 19

EL AMOR Y LOS CELOS—DESCUBRIENDO LA DIFERENCIA

OBJETIVOS:

1. Capacidad de explicar los cambios químicos cuando se está enamorado.
2. Capacidad de describir y discutir los comportamientos positivos del amor.
3. Análisis de cómo los celos NO son amor, sino que tienen su origen en diversas emociones.
4. Práctica de una técnica de relajación.

PREGUNTAS FINALES DE LA SESIÓN

¿Qué te pareció nuevo, interesante y/o útil en esta lección?

____

¿Qué has aprendido sobre ti misma?

____

¿Qué aspectos de tu vida cambiarás como resultado de esta lección?

____

Hoja de trabajo de los comportamientos del amor

Comportamiento del amor	¿Qué aspecto tiene esto? Da ejemplos.
Es paciente.	
Es amable.	
No envidia ni hace alarde.	
No es orgulloso/a, arrogante, engreído/a, egoísta, grosero/a.	
No se deja llevar por los celos.	
No se enfada con facilidad, ni se irrita, ni está resentido/a.	
No "lleva la cuenta" de los errores del pasado.	
No celebra cuando tratan injustamente o perjudican a su pareja.	
Siempre protege.	
Siempre confía (cree en lo mejor).	
Siempre tiene esperanza.	
Siempre es persistente, nunca falla, persevera.	

Hoja de trabajo sobre los comportamientos del amor-Definiciones

Paciencia: La capacidad de soportar la espera, la demora o la provocación sin molestarse o alterarse, o de perseverar con calma ante las dificultades; falta de queja; capacidad de resistencia.

Amable: Compasivo/a: de naturaleza generosa, cálida y compasiva; generoso/a: que muestra generosidad o compasión, un acto bondadoso; agradable o seguro/a: no duro/a, desagradable o que pueda tener efectos destructivos; cariñoso/a: que muestra cortesía o se preocupa por alguien; amable: reflexivo/a; humano/a.

Envidia: El sentimiento resentido o desdichado de querer el éxito, la buena fortuna, las cualidades o las posesiones de otra persona; los celos.

Alarde: Exagerar las posesiones o los logros; referirse de forma inmodesta a las posesiones o a los logros; presumir; alardear; hacer alarde de sí mismo/a.

Arrogancia: Sentir o mostrar prepotencia y menosprecio o desprecio por los/las demás; engreído/a; alguien con un sentido exagerado de su propia importancia, especialmente alguien que tiende a hablar o escribir sobre sí mismo/a en exceso; alguien que es egoísta o egocéntrico/a.

Celos: Sospecha; desconfianza; sentimiento de sospecha sobre la influencia de un rival o competidor, especialmente en lo que respecta a un ser querido; sentirse amargado/a e infortunado/a por las ventajas, posesiones o suerte de otro/a.

Irritable: Fácilmente molesto/a o exasperado/a; de mal humor; susceptible; irritable; de mal genio.

Pasar factura: Cuando un conflicto no se resuelve y genera resentimiento.

Injusticia: Trato injusto de alguien, o un ejemplo de ello; prejuicio; desigualdad; parcialidad.

Verdad: Lo que se corresponde con el hecho o la realidad; una proposición que se cree generalmente como verdadera; algo que es tan claramente cierto que apenas necesita ser declarado; la fidelidad a una persona o a una causa.

Alegrarse: Sentirse muy feliz o mostrar gran alegría por algo; celebrar; animarse; estar contento/a.

Proteger: Impedir que alguien o algo se haga daño o se estropee, o que se diseñe o se destine a este fin; resguardar; defender; cuidar.

Confiado/a: Dispuesto/a o con tendencia a confiar en las personas de forma incuestionable; lo contrario = desconfiado/a.

Esperanzado/a: La sensación de que es probable que ocurra algo deseable; un sentimiento de confianza.

Resistir: Experimentar un esfuerzo, un dolor o una dificultad sin darse por vencido; tolerar o aceptar a alguien o algo que es extremadamente desagradable; aguantar o sobrevivir durante un período de tiempo, especialmente ante las dificultades; sufrir; padecer; seguir adelante; persistir.

Perseverar: Persistir con firmeza en una acción o creencia, generalmente durante un largo período y especialmente a pesar de los problemas o dificultades; mantenerse en ello; continuar; seguir intentando.

Hoja de trabajo sobre los celos

FIGURA 19.1

Enumera las emociones/sentimientos que están "por debajo de" los celos (escribe en la imagen).

Enumera los comportamientos de la gente cuando está celosa:

1. ______________________ 4. ______________________

2. ______________________ 5. ______________________

3. ______________________ 6. ______________________

Enumera los comportamientos "del amor" que pueden sustituir a los comportamientos "de los celos":

1. ______________________ 4. ______________________

2. ______________________ 5. ______________________

3. ______________________ 6. ______________________

Créditos

SESIÓN 20

EL AMOR Y LOS CELOS—UN CONTRASTE ENTRE LOS COMPORTAMIENTOS

OBJETIVOS:

1. Identificación de los comportamientos de los celos.
2. Contraste entre los comportamientos del amor y de los celos.
3. Análisis de qué acciones pueden realizarse cuando aparecen los celos.
4. Descubrimiento de nuestro lenguaje primario/secundario del amor.
5. Determinación del lenguaje del amor de nuestra pareja.
6. Práctica de una técnica de relajación.

PREGUNTAS FINALES DE LA SESIÓN

¿Qué te pareció nuevo, interesante y/o útil en esta lección?

____

¿Qué has aprendido sobre ti misma?

____

¿Qué aspectos de tu vida cambiarás como resultado de esta lección?

____

Descripciones de los cinco lenguajes del amor

Las siguientes descripciones fueron tomadas de *Los 5 lenguajes del amor*, del Dr. Gary Chapman (2004). En su investigación, descubrió que las personas comunican el "amor" de diversas maneras. El Dr. Chapman creó la frase "cinco lenguajes del amor" para destacar estas diferencias. En http://www.garychapman.org/ o en el libro, disponible en el sitio web o en cualquier librería, se pueden obtener autoevaluaciones y más información al respecto.

- **Palabras de afirmación**
  La persona que maneja este lenguaje del amor necesita "oír" cosas como "te quiero", "estás muy guapa/o hoy" y "te aprecio". También puede sentirse amada/o cuando le dejas pequeñas notas en la encimera de la cocina o en su lonchera. ¡El silencio NO es oro para esta persona!

- **Tiempo de calidad**
  La persona que se maneja con este lenguaje del amor se siente amada cuando recibe toda tu atención. No es solo "tiempo", sino "su calidad" lo que le importa. Las distracciones, la postergación de citas o la falta de atención pueden ser especialmente hirientes para esta persona.

- **Recepción de regalos**
  Para esta persona, el valor monetario del regalo no es lo importante; lo que importa es que el regalo representa que has pensado en ella mientras estaban lejos el uno del otro. Puede ser un lápiz con su nombre que hayas encontrado en la tienda de regalos del hotel, una flor del jardín o de la floristería de la esquina. Un cumpleaños o un aniversario olvidado, o un regalo apresurado e irreflexivo, serían desastrosos, al igual que la ausencia de gestos cotidianos.

- **Actos de servicio**
  Esta persona se siente amada cuando "haces" algo para ayudarla, ¡especialmente cuando lo haces sin que te lo pida! Lavarle el auto mientras duerme la siesta, lavar los platos o cortar el césped son oportunidades para decirle que sí la quieres. La pereza, el incumplimiento de los compromisos y el darle más trabajo le indican a los que hablan este idioma que sus sentimientos no importan.

- **Contacto físico**
  Este lenguaje no se trata solo de la cama. Una persona cuyo lenguaje principal es el contacto físico es, lógicamente, muy susceptible. Los abrazos, las palmaditas en la espalda, el darse la mano y las caricias en el brazo, el hombro o la cara pueden ser formas de mostrar emoción, preocupación, cuidado y amor. A veces, el mero hecho de estar cerca de la persona amada les hace sentirse queridos. La negligencia o el abuso pueden ser imperdonables y destructivos.

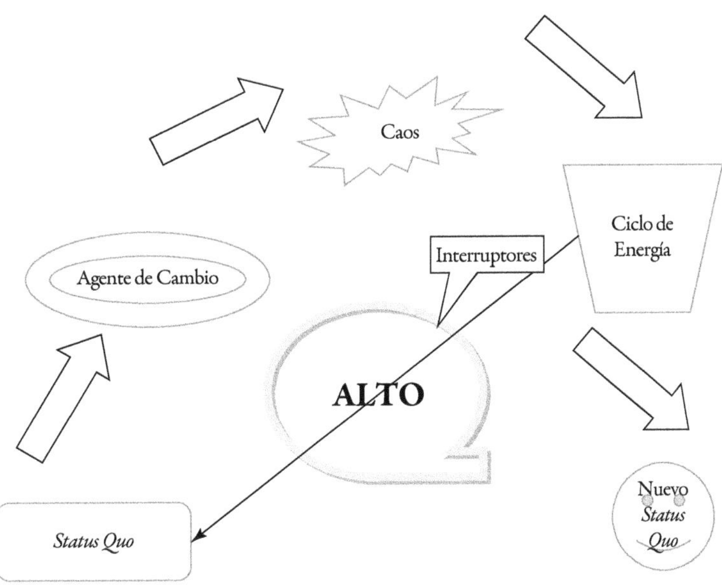

FIGURA 20.1 Inspirada en el modelo de cambio de Satir

CRÉDITOS

Fig. 20.1: Nada Yorke, *Otra Forma de... Elegir el Cambio: Manual del Participante*, p. 73. Copyright © 2023 by Cognella, Inc. Reprinted with permission.

SESIÓN 21

LA COMUNICACIÓN/EL ABUSO VERBAL Y EMOCIONAL

OBJETIVOS:

1. Identificación del tipo de oyente que somos.
2. Consciencia de cómo se origina la mala comunicación.
3. Reconocimiento de qué es el abuso verbal/emocional.
4. Análisis de nuestros patrones de comportamiento abusivos y sus consecuencias.
5. Práctica de una técnica de relajación.

PREGUNTAS FINALES DE LA SESIÓN

¿Qué te pareció nuevo, interesante y/o útil en esta lección?

____

¿Qué has aprendido sobre ti misma?

____

¿Qué aspectos de tu vida cambiarás como resultado de esta lección?

____

Escuchar: ¿Estrategia eficaz o ineficaz?

1. Escuchar de manera eficaz requiere ____________________
   a. Atención—*prestar toda tu atención y no distraerte.*
   b. Escuchar—*las palabras tal como se dicen* (____________________ nuestra interpretación).
   c. ____________________ *la razón por la que hablar* (intención/emoción).
   d. Recordar—*el mensaje.*
2. Escuchar de manera ineficaz— ____________________ esfuerzo
   a. Escucha selectiva—*escuchar solo* ____________________ *del mensaje.*
   b. Distracciones—*ver la televisión, leer, prestarle atención a otra cosa.*
   c. Falta de contacto visual—*la pérdida de un sentido puede impactar el mensaje.*
      i. Enumera los cinco sentidos que tenemos:
         1. ____________________
         2. ____________________
         3. ____________________
         4. ____________________
         5. ____________________
   d. Falta de atención a ____________________ —señales verbales.
   e. Juicios de valor—*decidir que ya conoces la intención del que habla* ____________________ clarificación.
   f. ____________________ el asunto—mostrar desconsideración por ____________________ del que habla.

El objetivo de escuchar es entender a la otra persona. NO es:

- Pensar cómo vas a ____________________ la otra persona.
- Pensar en una respuesta o argumento cuando la otra persona ____________________ hablando.

Tipos de oyentes[1]

¿Qué tipo de oyente eres?

1. ______________ oyente. Algunos podrían describirte como "te entra por un oído y te sale por el otro". Oyes las palabras, pero tu mente divaga y no hay una verdadera comunicación. Puede que respondas con un "ajá", pero en realidad no estás "escuchando" el mensaje.

2. ______________ oyente. Solo escuchas lo que quieres oír. Oyes parte del mensaje, pero dejas de escuchar porque estás pensando en lo que vas a responder. A veces, dudas de lo que va a decir el/la que habla y le interrumpes sin esperar a que termine lo que está diciendo.

3. ______________oyente. Escuchas tanto las palabras de la persona que habla como lo que este/a "quiere decir" o pretende comunicar. Es probable que puedas determinar el significado emocional de la comunicación del interlocutor. Este oyente es capaz de no juzgar y ser empático/a.

4. ______________ oyente. Se trata de una forma de escucha activa en la que también se intenta aclarar lo que dice el interlocutor y asegurarse de que haya una comprensión mutua.

---

1 Las ideas fueron adaptadas del material del taller de 32 horas de Garden Pathways, Inc., Bakersfield, CA.

Cómo afrontar el abuso verbal/ emocional[2]

DEFINICIONES

¿Alguna vez has intentado controlar, degradar o manipular a otra persona ...

	SÍ	NO
... ridiculizando o ignorando sus sentimientos?	______	______
... negando la aprobación, el aprecio o el afecto como castigo?	______	______
... burlándote, insultando o atacando de otro modo la religión, la raza, la herencia, la clase social o las creencias más valoradas de una persona?	______	______
... criticando continuamente, insultándola/lo o gritándole órdenes?	______	______
... insultando o alejando a sus familiares o amigos/as?	______	______
... humillándola/lo en privado o en público?	______	______
... contándole tus aventuras sexuales para avergonzarla/lo o humillarla/lo?	______	______
... levantando la voz para dominar una conversación y ejercer control?	______	______
... usando tu tamaño o tu cuerpo para amenazar o intimidar?	______	______
... amenazando con suicidarte si ella/él no hace lo que quieres?	______	______
... conteniéndote con el "tratamiento de silencio"?	______	______
... acusando falsamente a tu pareja? (engaño/mentira)	______	______
... culpando a tu pareja por tus explosiones de indignación?	______	______
... abusando de ella/él en forma de broma? (desprecios)	______	______
... cambiando de tema con acusaciones irrelevantes cuando el equivocado eres tú?	______	______
... desvalorizando las preocupaciones de tu pareja por sí misma?	______	______
... utilizando el sarcasmo para menospreciar a tu pareja?	______	______
... usando nombres denigrantes para referirte a tu pareja?	______	______
... descartando los sentimientos/experiencias de tu pareja?	______	______
... amenazando con dejar a tu pareja o herirla si no hace lo que tú quieres?	______	______

[2] Las listas de control son una adaptación de Ginny NiCarthy, *Getting Free: You Can End Abuse and Take Back Your Life*, Seattle: Seal Press, 1982 (Liberarte: Puedes Poner Fin al Abuso y Recuperar tu Vida).

APLICACIÓN

1. ¿Qué creías que ibas a conseguir con esos comportamientos? (Por ejemplo, salirte con la tuya, demostrar quién tiene realmente el control, etc.)

2. ¿Cuáles fueron las consecuencias negativas de tu comportamiento? (Por ejemplo, arresto, pérdida de tu pareja, niños detenidos por el Servicio de Bienestar Infantil, etc.)

3. Si utilizaste nombres degradantes/sarcasmo para controlar a tu pareja, ¿qué dijiste exactamente? ¿Qué "mensaje" pretendías darle a tu pareja con este abuso verbal? ¿Cómo te ha funcionado?

4. ¿Alguna vez has temido "cruzar la línea"? Describe lo que hiciste y lo que sentiste después.

SESIÓN 22

LA INTELIGENCIA EMOCIONAL/ LA AUTOCONVERSACIÓN

OBJETIVOS:

1. Reconocimiento de cuatro habilidades de la inteligencia emocional.
2. Comprensión de la conexión entre los pensamientos/emociones y nuestras acciones.
3. Identificación de la información necesaria para determinar las emociones de otra persona.
4. Consideración de nuestra capacidad para gestionar nuestras emociones a través de una autoconversación adecuada.
5. Práctica de una técnica de relajación.

PREGUNTAS FINALES DE LA SESIÓN

¿Qué te pareció nuevo, interesante y/o útil en esta lección?

___

¿Qué has aprendido sobre ti misma?

___

¿Qué aspectos de tu vida cambiarás como resultado de esta lección?

___

Los sentimientos y las emociones

Completa cada espacio con la palabra correcta de la lista

1. Laura está _______ porque perdió el trabajo.	2. El niño está _______ porque ganó un premio en la escuela.	3. El hombre vio a un ladrón, así que está _______.
4. Ella está _______ porque escuchó una broma.	5. El hombre está _______/ Tiene demasiadas cosas en la cabeza.	6. Jim está _______ porque no puede encontrar su celular.
7. Mia está _______ hoy. No tiene ganas de hacer nada.	8. Max se ve muy _______. No ha comido nada.	9. Mi vecino está muy _______ porque tengo la música muy alta.
10. Bella está bebiendo mucha agua. Está _______.	11. Lucas está _______ porque no ha conseguido su juguete preferido.	12. David acaba de terminar de trabajar. Está _______.

preocupado/a	pensativo/a	enojado/a	exhausto/a
feliz	decepcionado/a	hambriento/a	histérico/a
asustado/a	divertido/a	aburrido/a	sediento/a

FIGURA 22.1

Puedes descargar una copia gratuita en:

http://www.child-behavior-guide.com/feelings-chart.html

(Joanne McNulty-freeprintablebehaviorcharts.com)

Háblame de tu día

	FELIZ	TRISTE	ENOJADO/A	DECEPCIO-NADO/A	FRUSTR-ADO/A	ORGULL-OSO/A	EMOCION-ADO/A	ASUST-ADO/A	NERVI-OSO/A

Lunes									
Martes									
Miércoles									
Jueves									
Viernes									
Sábado									
Domingo									

FIGURA 22.2

Puedes descargar una copia gratuita en:

http://www.child-behavior-guide.com/feelings-chart.html

(Joanne McNulty-freeprintablebehaviorcharts.com)

El material Sentimientos III y el anterior son útiles para ayudar a nuestros hijos a identificar sus propios sentimientos y los de los demás con mayor precisión. Pídeles que te expliquen por qué han elegido las respuestas que han dado en el cuestionario Sentimientos III. Al principio será difícil; puede que digan: "No lo sé, ¡simplemente lo hice!". Pero ayúdalos a identificar las pistas que utilizaron (lenguaje corporal, expresiones faciales, etc.) para llegar a la respuesta correcta.

La inteligencia emocional

Cuestionario audiovisual

https://www.youtube.com/watch?v=se62UwCxUrl&list=PLj0SjEht0pQyujvYfqssFX-iTxvk4FULR&index=7

1. El orador dice que nuestro cerebro tiene dos lados: uno racional y otro emocional. ¿Cómo concuerda esto con lo que hemos aprendido en la escala de la ira?

2. ¿Qué ocurre cuando somos "secuestrados por nuestras emociones"?

3. El orador dice que para desarrollar nuestra inteligencia emocional (IE) necesitamos ser conscientes de nuestras emociones. ¿Cómo te va con eso? ¿Qué se te dificulta a la hora de etiquetar tus verdaderas emociones?

4. El segundo paso es regular nuestras emociones. ¿Cuál es el reto a superar aquí?

5. ¿En qué aspectos de tu vida has reforzado estas habilidades y en cuáles necesitas trabajar más?

6. El fracaso es necesario para crecer en cualquier aspecto de nuestras vidas. ¿Eres capaz de ver tus "fracasos" como algo que te acerca a tus objetivos? ¿Por qué sí o por qué no? ¿Qué te impide celebrar tus fracasos?

7. ¿El hecho de que nuestras emociones puedan utilizarse a nuestro favor, sirviéndonos de guía para conocernos mejor, conectar con la gente y motivarnos, te anima a seguir intentándolo?

CRÉDITOS

SESIÓN 23

LOS ROLES DE GÉNERO EN LA FAMILIA—LA SOCIALIZACIÓN

OBJETIVOS:

1. Identificación de nuestras creencias respecto al rol del hombre y de la mujer.
2. Identificación del rol del hombre y de la mujer durante nuestra educación.
3. Discusión acerca de cómo fuimos socializados en cuanto al rol del hombre y de la mujer.
4. Reflexión acerca de si nuestras creencias sobre el rol del hombre y de la mujer ayudan o dificultan nuestras relaciones actuales.
5. Práctica de una técnica de relajación.

PREGUNTAS FINALES DE LA SESIÓN

¿Qué te pareció nuevo, interesante y/o útil en esta lección?

___

¿Qué has aprendido sobre ti misma?

___

¿Qué aspectos de tu vida cambiarás como resultado de esta lección?

___

Los roles de género en la familia

A continuación, se presentan algunos roles típicos en las familias. Si recuerdas a **tu** familia cuando eras niña, ¿qué persona en la pareja **solía** asumir la responsabilidad principal de cada función? Si no experimentaste el comportamiento directamente, ¿quién crees que lo habría manejado (posiblemente un hermano mayor)?

Haz lo mismo con tu relación actual y/o tus relaciones íntimas como adulta.

Si no estás segura, ¿cómo responderían tus hijos a estas preguntas?

Rol/Actividad	Pasado		Presente	
	Madre	Padre	Yo	Pareja
Compra del supermercado				
Mantenimiento del auto				
Trabajo fuera de la casa				
Crianza de los hijos				
Disciplina de los hijos				
Preparación de las comidas				
Manejo de las finanzas familiares (toma de decisiones finales)				
Registro de cumpleaños/eventos sociales				
Compra de regalos/ropa para los hijos				
Lavandería y trabajo doméstico				
Jardinería/limpieza del garaje				
Reparación de problemas de la casa				
Invitaciones sociales/planeamiento de fiestas				
Atención a los problemas de los miembros de la familia				
Fomento de la participación religiosa				
Muestras periódicas de cariño				
Resolución de desacuerdos familiares				
Comunicación con parientes				
Creación de eventos familiares				
Decoración de la casa				
Conducción del coche cuando la familia viaja				
Principal responsable del uso de métodos anticonceptivos				
Uso del control remoto de la TV				

Identidad de género

ROLES DEL HOMBRE

Los hombres son:

1. ______________________________
2. ______________________________
3. ______________________________

Los hijos son:

1. ______________________________
2. ______________________________
3. ______________________________

Los padres son:

1. ______________________________
2. ______________________________
3. ______________________________

Los maridos son:

1. ______________________________
2. ______________________________
3. ______________________________

ROLES DE LA MUJER

Las mujeres son:

1. ______________________________
2. ______________________________
3. ______________________________

Las hijas son:

1. ______________________________
2. ______________________________
3. ______________________________

Las madres son:

1. ______________________________
2. ______________________________
3. ______________________________

Las esposas son:

1. ______________________________
2. ______________________________
3. ______________________________

Creencias sobre el dinero[1]

Nuestras creencias sobre el dinero y otras experiencias previas pueden influir en nuestro comportamiento actual y, en ocasiones, convertirse en una fuente de conflictos con nuestra pareja.

Selecciona todas las que se apliquen a tu caso:

ANTECEDENTES FAMILIARES

¿Cuál era *tu* situación económica cuando eras pequeña?

_______ Siempre teníamos dinero suficiente para lo que necesitaba.

_______ Tuvimos que "prescindir" de muchas cosas, ya que nunca teníamos suficiente dinero.

_______ Con frecuencia, el dinero era motivo de discusiones entre mis padres.

_______ Nunca me preocupé por tener suficiente dinero para hacer lo que quería.

_______ Otra: ____

¿Cuál era la situación económica de *tu pareja* cuando era pequeño?

_______ Siempre tenían dinero suficiente para lo que él necesitaba.

_______ Tuvieron que "prescindir" de muchas cosas, ya que nunca tenían suficiente dinero.

_______ Con frecuencia, el dinero era motivo de discusiones entre sus padres.

_______ Nunca se preocupó por tener suficiente dinero para hacer lo que quería.

_______ Otra: ____

¿Cómo estas experiencias han influido en *tu* forma actual de manejar el dinero?

____

____

[1] Adaptación de las ideas de H. Norman Wright, *Before You Say I Do*, Harvest House Publishers, 1997.

¿Cómo crees que estas experiencias influyen en la forma en que *tu pareja* maneja el dinero actualmente?

____

____

SITUACIÓN ACTUAL

Si te ganaras 1.000 dólares en la lotería, ¿cómo te los gastarías?

____

¿Cómo se los gastaría tu pareja?

____

COMUNICACIÓN

En las relaciones sanas, las personas respetan las necesidades del otro y comparten las responsabilidades financieras y la toma de decisiones. A continuación, enumera tus prioridades financieras y lo que crees que respondería tu pareja.

Enumera, por orden de importancia, cinco áreas en las que deberías invertir tu dinero actualmente:

1. ______________________________________
2. ______________________________________
3. ______________________________________
4. ______________________________________
5. ______________________________________

¿Qué incluiría tu pareja en su lista? ¿En qué aspectos estás de acuerdo? ¿En qué no?

El dinero en las relaciones: ¿Comportamientos positivos o negativos?

En una relación, el dinero puede ser un instrumento de poder. El abuso financiero puede adoptar muchas formas: desde controlar lo que nuestra pareja puede o no puede comprar hasta impedir que sea económicamente independiente de nosotros. Lee las siguientes afirmaciones y explica si el comportamiento es positivo (P) o negativo (N).

Comportamiento	P	N	Explicación
Mi pareja sabe cuánto dinero gano.			
Llamar o enviarle múltiples mensajes de texto a mi pareja mientras está trabajando.			
Mi pareja debería renunciar a su trabajo si no me gusta la gente con la que trabaja.			
El hombre debe tomar todas las decisiones financieras importantes en el hogar.			

La siguiente es una lista de comportamientos financieros abusivos: encierre en un círculo los que hayas realizado.

1. Le daba una mesada a mi pareja y vigilaba de cerca cómo la gastaba.
2. Le quitaba dinero de la cartera sin decírselo.
3. Vendí sus pertenencias o destruí algo de valor.
4. Mentí diciendo que necesitaba dinero para los niños.
5. Usé el dinero de mi pareja y me lo gasté en lo que quise.
6. Me negué a dejarlo trabajar/estudiar o limité las horas en que podía trabajar o estudiar.
7. Le impedí que fuera al trabajo o a clase dejándolo sin gasolina, escondiéndole las llaves u otros comportamientos que hicieron que llegara tarde o no pudiera ir al trabajo o a clase.

¿Qué harías diferente a partir de ahora? ______________________________

¿Qué les transmiten estos comportamientos a tus hijos? ______________________________

SESIÓN 24

LOS ESTEREOTIPOS Y LAS CREENCIAS

OBJETIVOS:

1. Reflexión sobre los estereotipos y reconocimiento de cómo moldean nuestras creencias y comportamientos.
2. Evaluación de nuestros estereotipos personales.
3. Identificación de creencias negativas y sustitución por afirmaciones positivas.
4. Práctica de una técnica de relajación.

PREGUNTAS FINALES DE LA SESIÓN

¿Qué te pareció nuevo, interesante y/o útil en esta lección?

____

¿Qué has aprendido sobre ti misma?

____

¿Qué aspectos de tu vida cambiarás como resultado de esta lección?

____

Cuestionario audiovisual

LOS ESTEREOTIPOS Y LOS PREJUICIOS

Características atribuidas a un grupo y ____________________ de cada miembro de ese grupo.

Información que se puede procesar en ____.

Nosotros ____ mantenerlos.

Los efectos pueden ser ____ o negativos.

DEFINICIONES

Prejuicio—un ____________ sobre otra persona o grupo de personas basado en estereotipos.

Discriminación—un ________________________ o comportamiento basado en los prejuicios.

ANÁLISIS DE ESTEREOTIPOS

PELÍCULA: *CRASH*

¿Cuáles eran algunos de los estereotipos y suposiciones que tenían los distintos personajes? ¿Qué crees que sentían? ¿Cuál era el "mensaje detrás de las palabras"?

1. Dos conductoras en el accidente
    a. Estereotipos/suposiciones
    b. Sentimientos/pensamientos
2. Dueño del negocio de armas
    a. Estereotipos/suposiciones
    b. Sentimientos/pensamientos
3. ¿Los sentimientos del hombre del Medio Oriente?
4. ¿Los sentimientos de la hija?

5. Dos hombres en el restaurante
   a. Estereotipos/suposiciones
   b. Sentimientos/pensamientos
6. La esposa del fiscal
   a. Estereotipos/suposiciones
   b. Sentimientos/pensamientos
7. ¿Los sentimientos del cerrajero?
8. El fiscal
   a. Estereotipos/suposiciones
   b. Sentimientos/pensamientos
9. El oficial de policía en el teléfono
   a. Estereotipos/suposiciones
   b. Sentimientos/pensamientos
10. ¿Los sentimientos del trabajador de salud en el teléfono?

¿Por qué este ejercicio te ayudó a "reconocer" los sentimientos "detrás de las palabras"?

Hoja de trabajo del pensamiento de sustitución

CONSIDERANDO A LA "PERSONA DE INTERÉS":

¿Cuáles son algunas de las cosas negativas que te dices sobre esta persona?

1. ____________________
2. ____________________
3. ____________________

¿Si "reemplazaras" esos pensamientos negativos con otros positivos o "palabras bondadosas", qué podrías decir en su lugar?

1. ____________________
2. ____________________
3. ____________________

Al mirar realmente a esta persona, identifica tres cosas que son "admirables", "dignas de elogio", "positivas".

1. ____________________
2. ____________________
3. ____________________

SESIÓN 25

TÉCNICAS DE SUSTITUCIÓN DE SENTIMIENTOS Y PENSAMIENTOS

OBJETIVOS:

1. Identificación de nuestros sentimientos en diversas circunstancias.
2. Identificación de cómo se sienten nuestra pareja y nuestros hijos en circunstancias similares.
3. Reflexión sobre cómo sustituimos las creencias negativas sobre nuestra pareja u otras personas por afirmaciones positivas.
4. Descubrimiento de la conexión entre pensamientos y sentimientos mediante el video de debate.
5. Práctica de una técnica de relajación.

PREGUNTAS FINALES DE LA SESIÓN

¿Qué te pareció nuevo, interesante y/o útil en esta lección?

___

¿Qué has aprendido sobre ti misma?

___

¿Qué aspectos de tu vida cambiarás como resultado de esta lección?

___

Mis sentimientos importan

1. Cuando me equivoco, me siento ______________________________
   ____
2. Cuando algo sale mal, me siento ______________________________
   ____
3. Cuando alguien me hace algo malo, me siento ______________________________
   ____
4. Cuando alguien no está de acuerdo conmigo, me siento ______________________________
   ____
5. Cuando estoy en casa, me siento ______________________________
   ____
6. Con mi pareja, la mayor parte del tiempo me siento ______________________________
   ____
7. Con mis hijos, la mayor parte del tiempo me siento ______________________________
   ____
8. El lugar donde me siento más valorada es ______________________________
   ____
9. Soy más feliz cuando ______________________________
   ____
10. Cuando asisto a estas sesiones, me siento ______________________________
    ____

Cuestionario del Vídeo: *Esta Vida Emocional*

SECCIÓN 1: REGULACIÓN EMOCIONAL

Reflexión: repasar en la ____________________ repetidamente y a menudo de forma casual o lenta; repasar repetidamente durante un periodo prolongado

Reevaluación: reconsiderar la situación vista por un observador ____________________ o ponerse en los zapatos de la persona con la que se está tratando

¿Qué cambió para Mary después de la terapia? ____

____

SECCIÓN 2: MIEDO

Ideas principales:

Pensamientos irracionales (fobias)

Pensamientos y sentimientos disfuncionales

¡No creas en todo lo que ____!

SESIÓN 26

REVISIÓN RÁPIDA—GRUPO DE PROCESOS: ¿QUÉ HAS APRENDIDO SOBRE TI MISMA?

OBJETIVOS:

1. Identificación de una nueva habilidad o nueva información que hayas aprendido hasta ahora.
2. Reconocimiento de lo que has aprendido sobre ti misma: ¿qué es diferente ahora?
3. Establecimiento de nuevos objetivos al finalizar el programa.
4. Práctica de una técnica de relajación.

PREGUNTAS FINALES DE LA SESIÓN

¿Qué te pareció nuevo, interesante y/o útil en esta lección?

___

¿Qué has aprendido sobre ti misma?

___

¿Qué aspectos de tu vida cambiarás como resultado de esta lección?

___

Formulario de evaluación del progreso—Fase III

COPIA PARA EL ESTUDIANTE

Nombre ______________________ **Fecha** __________

Grupo y sesión ______________________ **Total de sesiones hasta la fecha** __________

Nivel de participación: En una escala del 1 al 5, califícate en las siguientes cuestiones, siendo 1 la puntuación más baja y 5 la más alta. Las preguntas miden lo que haces con más frecuencia.

Comparto información personal con el grupo/facilitador sobre mis pensamientos, sentimientos, comportamientos, éxitos y/o desafíos mientras trabajo en este programa.	**1**	**2**	**3**	**4**	**5**
Veo mejoras en esta área:	**Sí**	**No**	**No estoy segura**		
Estoy abierta a recibir comentarios de mis compañeras y/o del facilitador sin ponerme a la defensiva o retraerme.	**1**	**2**	**3**	**4**	**5**
Veo mejoras en esta área:	**Sí**	**No**	**No estoy segura**		
Soy capaz de dar una crítica constructiva a mis compañeras y/o al facilitador sin ser agresiva o grosera.	**1**	**2**	**3**	**4**	**5**
Veo mejoras en esta área:	**Sí**	**No**	**No estoy segura**		
Completo los deberes para el hogar.	**1**	**2**	**3**	**4**	**5**
Veo mejoras en esta área:	**Sí**	**No**	**No estoy segura**		
Asumo la responsabilidad de mi violencia y estoy dispuesta a comunicárselo al grupo cuando sea necesario.	**1**	**2**	**3**	**4**	**5**
Veo mejoras en esta área:	**Sí**	**No**	**No estoy segura**		
Soy capaz de ver las situaciones desde el punto de vista de mi pareja y/o familiares cuando no estamos de acuerdo (empatía).	**1**	**2**	**3**	**4**	**5**
Veo mejoras en esta área:	**Sí**	**No**	**No estoy segura**		

Soy capaz de reconocer mis sentimientos, pensamientos y necesidades emocionales (autoconciencia).	**1**	**2**	**3**	**4**	**5**
Veo mejoras en esta área:	**Sí**	**No**	**No estoy segura**		
Soy capaz de compartir mis necesidades y sentimientos con mi pareja y con los demás de forma positiva (asertividad).	**1**	**2**	**3**	**4**	**5**
Veo mejoras en esta área:	**Sí**	**No**	**No estoy segura**		

Con respecto a mis relaciones/crecimiento personal, siento que he mejorado:

____

____

Todavía se me dificulta y necesito mejorar en esta área:

____

____

AUTOEVALUACIÓN DE INTELIGENCIA EMOCIONAL

En este cuestionario no hay respuestas correctas o incorrectas. Simplemente encierra en un círculo la respuesta que más se ajuste a tu situación utilizando este sistema de puntuación:

1 = No me describe 2 = Rara vez me describe 3 = A veces me describe
4 = Me describe habitualmente 5 = Me describe la mayoría de las veces

Soy capaz de expresar fácilmente mis sentimientos/emociones con palabras	1	2	3	4	5
Soy capaz de mantenerme relajada incluso en circunstancias difíciles	1	2	3	4	5
Soy capaz de ver los puntos de vista de los demás si son diferentes a los míos	1	2	3	4	5
Soy capaz de comprender fácilmente lo que siento	1	2	3	4	5
Puedo controlar mi ira	1	2	3	4	5
Soy capaz de expresar mis deseos y necesidades de forma respetuosa	1	2	3	4	5
Suelo lidiar bien con el estrés	1	2	3	4	5
Los demás me ven tranquila y relajada, casi siempre bajo control	1	2	3	4	5
Soy capaz de esperar por lo que quiero sin ponerme ansiosa ni enfadarme	1	2	3	4	5
Cuando estoy enfadada, me detengo y pienso en lo que siento antes de actuar	1	2	3	4	5
Puedo enfrentarme a circunstancias cambiantes sin enfadarme con los demás	1	2	3	4	5
Puedo determinar con precisión cómo se siente otra persona con solo mirarla	1	2	3	4	5
Me considero una buena persona	1	2	3	4	5
Puedo evaluar con precisión mis puntos fuertes y débiles	1	2	3	4	5
Me esfuerzo por comprender un problema antes de tomar una decisión	1	2	3	4	5
Puedo aceptar las críticas sin que me afecten personalmente	1	2	3	4	5
Cuando alguien me ofende, le devuelvo la ofensa	1	2	3	4	5
Me rodeo de personas y actividades positivas y alentadoras	1	2	3	4	5
Puedo calmarme fácilmente una vez que ha desaparecido una amenaza o algo que me asusta	1	2	3	4	5
Puedo ver lo bueno en los demás y en mis circunstancias	1	2	3	4	5

FASE IV

SESIONES 27–35

CREANDO NUEVAS OPORTUNIDADES

SESIÓN 27

EL PODER DE LA OBSERVACIÓN/ AUTOEVALUACIÓN

OBJETIVOS:

1. Reflexión sobre cómo sustituimos las creencias negativas sobre nuestra pareja por afirmaciones positivas.
2. Análisis de lo que no ves cuando te concentras en una cosa y excluyes el resto de la información.
3. Aprendizaje, a partir de ejemplos, de la diferencia entre hechos y opiniones.
4. Práctica de una técnica de relajación.

PREGUNTAS FINALES DE LA SESIÓN

¿Qué te pareció nuevo, interesante y/o útil en esta lección?

___

¿Qué has aprendido sobre ti misma?

___

¿Qué aspectos de tu vida cambiarás como resultado de esta lección?

___

¿Realidad u opinión?

Señala si estas afirmaciones son un hecho o una opinión personal del orador.

1. Mi compañero es un vago. Hecho ________ Opinión ________
2. Mi trabajo me exige trabajar 8 horas al día. Hecho ________ Opinión ________
3. Mi trabajo me exige trabajar 8 horas al día. Hecho ________ Opinión ________
4. Mi tío es un hombre violento. Hecho ________ Opinión ________
5. Me gusta venir a esta clase. Hecho ________ Opinión ________
6. Sally es más alta que todos los de su clase. Hecho ________ Opinión ________
7. Joe siempre llega 15 minutos antes a clase. Hecho ________ Opinión ________
8. Mi pareja cocina muy bien. Hecho ________ Opinión ________
9. Mi pareja habla demasiado. Hecho ________ Opinión ________
10. Mi hijo le pega a otros niños. Hecho ________ Opinión ________

GUÍA PARA LA DISCUSIÓN:

1. H / O ________________________________
2. H / O ________________________________
3. H / O ________________________________
4. H / O ________________________________
5. H / O ________________________________
6. H / O ________________________________
7. H / O ________________________________
8. H / O ________________________________
9. H / O ________________________________
10. H / O ________________________________

Hoja de autoevaluación

No hay respuestas correctas o incorrectas, simplemente rellena lo que se ajusta a tu situación.

1. Nombra tres cosas que crees que haces bastante bien
   a. ______________________________
   b. ______________________________
   c. ______________________________
2. Nombra tres cosas que te gustaría hacer mejor y una forma en la que podrías mejorar
   a. ______________________________
      i. ______________________________
   b. ______________________________
      i. ______________________________
   c. ______________________________
      i. ______________________________
3. Nombra tres cosas que te gusten de ti misma
   a. ______________________________
   b. ______________________________
   c. ______________________________
4. Nombra tres cosas que te gustaría mejorar de ti misma y una idea que te gustaría probar
   a. ______________________________
      i. ______________________________
   b. ______________________________
      i. ______________________________
   c. ______________________________
      i. ______________________________

La autoestima no consiste en pensar que eres mejor o peor que los demás, sino en pensar que eres tan buena como el resto y que mereces cualquier oportunidad que te ofrezca la vida.
Responde a las siguientes preguntas:

1. Me siento satisfecha si he dado lo mejor de mí. Sí No
   a. En caso negativo, ¿qué te impide sentirte satisfecha? ______________________________
2. Intento no compararme con los demás. Sí No
   a. En caso negativo, ¿en qué aspecto te comparas con los demás? ______________________________
3. Soy capaz de identificar lo que necesito y comunicarlo bien. Sí No
   a. En caso negativo, ¿qué te impide hacerlo? ______________________________
4. Soy capaz de imaginarme siendo exitosa. Sí No
   a. En caso negativo, ¿cuál es el reto? ______________________________
5. Soy una persona valiosa y digna del respeto de los demás. Sí No
   a. En caso negativo, ¿qué te impide creerlo? ______________________________

AUTOCUIDADO

Evalúa si las siguientes afirmaciones se ajustan a tu realidad. Clasifica de 1=muy cierto a 5= para nada cierto.

1. Cuido mi salud y tomo decisiones responsables. 1 2 3 4 5
2. Sé poner límites razonables en mi vida. 1 2 3 4 5
3. Cuando cometo un error, asumo mi responsabilidad. 1 2 3 4 5
4. No adopto comportamientos autodestructivos 1 2 3 4 5
5. No baso mi valor en las opiniones de los demás. 1 2 3 4 5
6. Soy capaz de alegrarme por el éxito de los demás. 1 2 3 4 5
7. Soy capaz de explicar las decisiones que tomo. 1 2 3 4 5
8. Conozco mis puntos fuertes y débiles. 1 2 3 4 5
9. No culpo a los demás de mis decisiones. 1 2 3 4 5
10. Estoy agradecido por lo que tengo y no envidio lo que no tengo. 1 2 3 4 5

SESIÓN 28

LA IMPORTANCIA DE CUIDARSE A UNO MISMO EN LAS RELACIONES

OBJETIVOS:

1. Consideración del efecto del sueño (o de la falta de sueño) en nuestras emociones.
2. Identificación de qué pasos necesitamos para mantener y/o mejorar nuestra calidad y cantidad de sueño.
3. Evaluación de nuestro plan de autocuidado.
4. Práctica de una técnica de relajación.

PREGUNTAS FINALES DE LA SESIÓN

¿Qué te pareció nuevo, interesante y/o útil en esta lección?

___

¿Qué has aprendido sobre ti misma?

___

¿Qué aspectos de tu vida cambiarás como resultado de esta lección?

___

El sueño

1. Pasamos casi un tercio de nuestra vida durmiendo. ¿Qué pasa si no dormimos?

   ____

   ____

2. ¿Qué ocurre en nuestro cuerpo cuando dormimos?

   ____

   ____

3. ¿Qué ocurre en el cerebro cuando dormimos?

   ____

   ____

4. ¿Qué ocurre en las dos primeras fases de nuestro ciclo de sueño?

   ____

   ____

5. ¿Qué cambio drástico se produce en la tercera fase de nuestro ciclo de sueño?

   ____

   ____

6. ¿Qué sustancia química cerebral se libera?

   ____

   ____

7. ¿Qué hace esta sustancia química?

   ____

   ____

8. ¿Qué ocurre en nuestro cerebro mientras dormimos?

   ____

   ____

9. ¿Qué te ha llamado la atención de este video y de la importancia del sueño?

   ____

   ____

Efectos de la falta de sueño
- Irritabilidad
- Deterioro cognitivo
- Fallos o pérdida de memoria
- Deterioro del juicio moral
- Bostezos excesivos
- Alucinaciones
- Síntomas similares al TDAH
- Aumento de la variabilidad de la frecuencia cardíaca
- Riesgo de cardiopatías
- Aumento del tiempo de reacción
- Disminución de la precisión
- Temblores
- Dolores
- Deterioro del sistema inmunitario
- Riesgo de diabetes tipo 2
Otros:
- Retraso del crecimiento
- Riesgo de obesidad
- Descenso de la temperatura

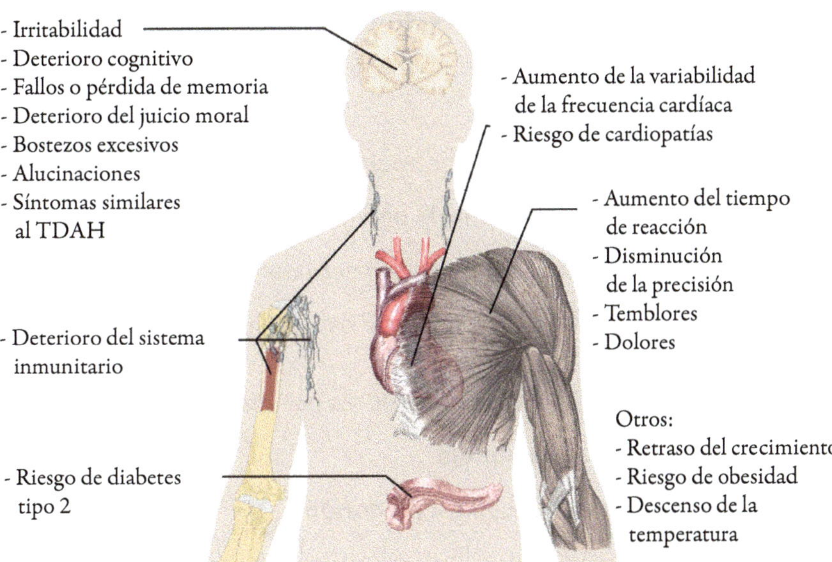

FIGURA 28.1

Evaluación y plan de autocuidado

CUIDADO FÍSICO

Sueño	Duermo al menos 7–8 horas por noche.	SÍ	NO
	Me siento descansado después de una noche entera de sueño.	SÍ	NO
Ejercicio	Hago ejercicio aeróbico (3+ veces por semana).	SÍ	NO
	Levanto pesas y/o hago ejercicios de estiramiento (2+ veces por semana).	SÍ	NO
Dieta	Como 4–5+ porciones de futas/verduras por día.	SÍ	NO
	Bebo 6–8 vasos de agua por día.	SÍ	NO
	Limito el consumo de azúcar, sal y alcohol.	SÍ	NO

Para las respuestas en las que he marcado NO, tengo previsto realizar los siguientes ajustes:

____

____

____

CUIDADO EMOCIONAL

Emociones	Soy capaz de reconocer los sentimientos que alimentan mi enojo.	SÍ	NO
	Sé cómo calmarme, y cómo hacerlo rápidamente.	SÍ	NO
Actividades	Tengo pasatiempos y otros intereses independientes del trabajo.	SÍ	NO
	Tengo personas sanas en mi vida con quienes compartir mi tiempo.	SÍ	NO
Perspectiva	Soy agradecido de lo que tengo y lo pienso con regularidad.	SÍ	NO
	Le muestro apreciación a otros/as en mi vida.	SÍ	NO
Espiritualidad	Creo que tengo valor y un propósito en esta vida.	SÍ	NO
	Creo que otros/as tienen valor y propósito.	SÍ	NO

Para las respuestas en las que he marcado NO, tengo previsto realizar los siguientes ajustes:

____

____

CUIDADO MENTAL

Atención	Me tomo tiempo para reflexionar, planear y pensar de manera creativa.	Sí	NO
	Busco nuevas experiencias/información.	Sí	NO
	Puedo cambiar mis pensamientos con nueva evidencia.	Sí	NO

Para las respuestas en las que he marcado NO, tengo previsto realizar los siguientes ajustes:

____

____

CRÉDITOS

Fig. 28.1: Source: Adapted from https://commons.wikimedia.org/wiki/File:Effects_of_sleep_deprivation.svg; trans. Carola Goldenberg. Translated in Nada Yorke, *Otra Forma de… Elegir el Cambio: Manual del Participante, 2023*, p. 111.

Fig. 28.1a: Nada Yorke, *Otra Forma de… Elegir el Cambio: Manual del Participante*, p. 111. Copyright © 2023 by Cognella, Inc. Reprinted with permission.

SESIÓN 29

LAS DISTORSIONES COGNITIVAS—LAS HABILIDADES DE AFRONTAMIENTO POSITIVAS

OBJETIVOS:

1. Identificación de dos o tres de nuestras distorsiones cognitivas (pensamientos negativos automáticos) y cómo influyen en nuestros pensamientos, sentimientos y comportamientos.
2. Identificación y evaluación de nuestros patrones de respuestas negativas y cómo afectan a nuestras relaciones interpersonales.
3. Desarrollo de dos afirmaciones/comportamientos de afrontamiento positivos como alternativa a dos PNA identificados.
4. Compromiso de controlar nuestros PNA hasta la próxima semana.
5. Práctica de una técnica de relajación.

PREGUNTAS FINALES DE LA SESIÓN

¿Qué te pareció nuevo, interesante y/o útil en esta lección?

____

¿Qué has aprendido sobre ti misma?

____

¿Qué aspectos de tu vida cambiarás como resultado de esta lección?

____

Hoja de trabajo sobre las distorsiones cognitivas

IDENTIFICACIÓN DE MIS "PNA"

Lee las siguientes descripciones y marca con una X al lado de la afirmación si alguna vez crees, dices o haces lo que el texto describe. Después de la afirmación, "clasifica" en qué medida te describe utilizando la siguiente escala. Haz una lluvia de ideas sobre cómo podrías reducir tu puntuación en la clasificación.

Lo hago a veces				Esto me describe				Lo hago frecuentemente	
1	2	3	4	5	6	7	8	9	10

Mi Puntuación	Pensamiento Negativo Automático	Descripción/Ejemplo	Podría Bajar Mi Puntuación:
	Todo o nada (pensamiento en blanco y negro)—las cosas están TODAS bien o TODAS mal.	Ver a las personas, las situaciones o a uno mismo como totalmente malos o buenos. "El asesoramiento es una completa pérdida de tiempo"; "Eres incapaz de cuadrar la chequera"	
	Utilizar palabras demasiado generalizadas—"siempre", "nunca", "cada vez", "todos."	Ves un solo acontecimiento negativo como un patrón interminable de derrota. "Nunca lavas los platos"; "Siempre piensas que me equivoco."	
	Catastrofismo— exagerar las cosas en una dirección muy negativa. Actuar como si la consecuencia negativa ya hubiera ocurrido.	"Nunca podré conseguir otro trabajo. Este despido es el fin de mi carrera."	
	Lectura de la mente— asumir que sabes lo que la gente piensa sin tener pruebas suficientes de sus pensamientos.	"Ella cree que soy un perdedor". Puede llevarte a terminar la frase de alguien porque crees que sabes lo que va a decir.	
	Adivinanza— predecir el futuro negativamente; que las cosas empeorarán sin examinar toda la evidencia.	"¡Ya estamos otra vez, vamos a discutir de nuevo!"	
	Etiquetado— asignar rasgos globales a uno/a mismo/a o a los demás.	"Todos los asiáticos son buenos en matemáticas"; "Los hombres son de mente mecánica."	

Mi Puntuación	Pensamiento Negativo Automático	Descripción/Ejemplo	Podría Bajar Mi Puntuación:
	Deberes— juzgar los acontecimientos o las personas por cómo deberían ser las cosas en lugar de por lo que son.	"La gente debería mantener a sus hijos callados en la iglesia"; "Deberías haber sabido manejar esa situación ya que eres adulto."	
	Culpabilidad— Responsabilizar de tus problemas/sentimientos a otra persona o cosa. Ser la víctima.	"Ella me hace actuar de esta manera"; "Mis padres me han arruinado."	
	Descartar los aspectos positivos— trivializar las cosas positivas y buenas que haces o que hace otra persona.	"Es mujer, se supone que limpia la casa."	
	Desesperanza— ver sistemáticamente las situaciones como si no tuvieran una resolución positiva o incluso neutral.	"Es inútil, nunca voy a cambiar"; "Soy un/a delincuente, nadie me contratará nunca."	

Enumera tus dos principales distorsiones cognitivas y describe cómo afectan a tus relaciones (pareja, hijos/as, padres, jefe, compañeros/as de trabajo, etc.):

1. ______________________________

Esta "distorsión" afecta mis relaciones al

____

____

____

2. ______________________________

Esta "distorsión" afecta mis relaciones al

____

____

____

Comprensión del ciclo y cambio de los resultados

FIGURA 29.1

CÓMO IDENTIFICAR UN PENSAMIENTO NEGATIVO AUTOMÁTICO (PNA):

1. Es usualmente negativo.
2. Te hace sentir mal contigo misma.
3. Es intrusivo.
4. Tú lo crees.
5. Distorsiona la verdad.

LISTA DE 3–5 COSAS/GENTE/ACONTECIMIENTOS QUE DESENCADENAN TU INDIGNACIÓN:

1. ______________________________

¿Qué estás pensando? ______________________________

¿Cómo te hace sentir? ______________________________

¿Qué te dices a ti misma? ______________________________

Identifica cualquier PNA que surja: ______________________________

____

¿Qué puedes decirte a ti misma en su lugar? ______________________________

____

¿Qué hacías en el pasado? ______________________________

____

¿Qué puedes hacer ahora? ______________________________

____

Si no haces nada para cambiar tu comportamiento/pensamientos, ¿cómo va a afectar tus relaciones?

____

2. ______________________________

¿Qué estás pensando? ______________________________

¿Cómo te hace sentir? ______________________________

¿Qué te dices a ti misma? ______________________________

Identifica cualquier PNA que surja: ______________________________

____

¿Qué te puedes decir a ti misma en su lugar? ______________________________

____

¿Qué hacías en el pasado? ______________________________

____

¿Qué puedes hacer ahora? ______________________________

____

Si no haces nada por cambiar tu comportamiento/sentimientos, ¿cómo va a afectar tus relaciones?

____

3. ______________________________

¿Qué estás pensando? ______________________________

¿Cómo te hace sentir? ______________________________

¿Qué te dices a ti misma? ______________________________

Identifica cualquier PNA que surja: ______________________________

____

¿Qué te puedes decir a ti misma en su lugar? ______________________________

____

¿Qué hacías en el pasado? ______________________________

____

¿Qué puedes hacer ahora? ______________________________

____

Si no haces nada por cambiar tu comportamiento/pensamientos, ¿cómo va a afectar tus relaciones?

____

4. ______________________________

¿Qué estás pensando? ______________________________

¿Cómo te hace sentir? ______________________________

¿Qué te dices a ti misma? ______________________________

Identifica cualquier PNA que surja: ______________________________

____

¿Qué te puedes decir a ti misma en su lugar? ______________________________

____

¿Qué hacías en el pasado? ______________________________

____

¿Qué puedes hacer ahora? ______________________________

____

Si no haces nada por cambiar tu comportamiento/pensamientos, ¿cómo va a afectar tus relaciones?

____

5. ______________________________

¿Qué estás pensando? ______________________________

¿Cómo te hace sentir? ______________________________

¿Qué te dices a ti misma? ______________________________

Identifica cualquier PNA que surja: ______________________________

____

¿Qué te puedes decir a ti misma en su lugar? ______________________________

____

¿Qué hacías en el pasado? ______________________________

____

¿Qué puedes hacer ahora? ______________________________

____

Si no haces nada por cambiar tu comportamiento/pensamientos, ¿cómo va a afectar tus relaciones?

____

Hoja de seguimiento de los pensamientos

Acontecimiento (Desencadenante)	Pensamiento Automático	Sentimiento	Conversación Interna–Cambio Positivo	Comportamiento (Acción)–Habilidades De Afrontamiento Positivas

CRÉDITOS

Fig. 29.1: Nada Yorke, *Otra Forma de... Elegir el Cambio: Manual del Participante*, p. 141. Copyright © 2023 by Cognella, Inc. Reprinted with permission.

Fig. 29.1a: Copyright © 2010 Depositphotos/Jara3000.

Fig. 29.1b: Copyright © 2014 Depositphotos/Artenot.

Fig. 29.1c: Copyright © 2016 Depositphotos/Dmitry_Guzhanin.

SESIÓN 30

EL DOLOR Y LA PÉRDIDA PARTE I

OBJETIVOS:

1. Capacidad de entender el duelo y la pérdida.
2. Reconocimiento de los efectos de la pérdida, la crisis y el trauma en el cerebro.
3. Reconocimiento de los tipos de pérdidas a lo largo de la vida.
4. Identificación de lo aprendido sobre el duelo gracias al video.
5. Práctica de un ejercicio de relajación.

PREGUNTAS FINALES DE LA SESIÓN

¿Qué te pareció nuevo, interesante y/o útil en esta lección?

___

¿Qué has aprendido sobre ti misma?

___

¿Qué aspectos de tu vida cambiarás como resultado de esta lección?

___

Sopa de lágrimas

Cuestionario audiovisual

Enumera 5–10 cosas que aprendiste sobre el duelo en este video.

1. ____________________
2. ____________________
3. ____________________
4. ____________________
5. ____________________
6. ____________________
7. ____________________
8. ____________________
9. ____________________
10. ____________________

10 pérdidas en la vida

1. __________________ o pérdida material

   Primera pérdida en la infancia

   Muchas son reemplazables, lo que podría enmascarar la reacción al duelo

2. Pérdida abstracta

   Amor—Esperanza—Ambición—Control

3. Pérdida __________________

   Pensamos que el otro ya no nos ama.

   La mujer anciana se queja de que los hijos la han abandonado—expectativa de que la visitarán a diario, por ejemplo (expectativas poco realistas)

4. Pérdida de relaciones

   El fin de una oportunidad de relacionarse -muerte, divorcio, mudanza, fin de la amistad

5. Pérdida intrapsíquica

   Perder la imagen de uno/a mismo/a

   Perder lo que "podría haber sido"

   Muerte de un sueño

6. Pérdida funcional

   Función muscular o neurológica: vista, oído, coordinación, parte del cuerpo, memoria

7. Pérdida __________________

   Jubilación, traslado, ascenso, descenso, graduación

8. Pérdida sistémica

   Los hijos se van de la casa, una persona clave se va (pastor, colega, etc.)

9. Amenaza de pérdida

   Biopsia, "Estoy pensando en divorciarme de ti", "reducción de la escalabilidad, terrorismo"

10. Pérdida ambigua—dos tipos
    a. La persona está viva emocionalmente, pero __________________ físicamente (abandono de la pareja, hogar de crianza, encarcelación)
    b. La persona está viva físicamente, pero desaparecida emocional/mentalmente (negligencia o abandono por parte de los padres, Alzheimer, lesión cerebral, etc.)

    La pérdida más devastadora: porque es confusa, no tiene sentido. Usted __________________ encontrar una solución al problema. No hay ritual (como un funeral o una fiesta de despedida). Te recuerda que la vida no es justa.

    ¿Cuál de las diez pérdidas fuiste capaz de identificar en tu vida?

    Considera cómo esas pérdidas han afectado a tu vida y a tu capacidad de relacionarte con los demás. ¿Cómo han afectado a tu vida?

¿Qué es la pérdida?

A Curriculum Resource on Helping Others Recover from Losses and Grief, por el Dr. H. Norman Wright (Un recurso curricular para ayudar a otros a recuperarse de las pérdidas y el dolor)

Aquí hay algunas pérdidas que empezamos a encontrar cuando somos niños y que tienen una contrapartida en la vida adulta:

Pérdida de un juguete favorito

Dejar caer un cono de helado en la tierra

No recibir un regalo esperado

Un amigo que empieza a jugar con otra persona

Los padres que deciden mudarse del vecindario conocido

Una mascota que se pierde o muere

Algunas contrapartidas adultas son:

Pérdida de empleo/jubilación/envejecimiento

Cambio imprevisto de trabajo

Aborto/pérdida involuntaria/parto de un feto sin vida

Entrega de un/a hijo/a en adopción

Separación/divorcio

Los hijos que se van de casa

Traslado a otra ciudad

Enfermedad física/lesión/discapacidad

Enfermedad terminal de un/a hijo/a, amigo/a, amante

Muerte de un/a hijo/a, amigo/\e, pareja, mascota

¿Cuáles de estas pérdidas has sufrido?

¿Cuáles otras te vienen a la mente?

¿Cómo han impactado tu vida estas pérdidas? ¿Tus decisiones? ¿Tus relaciones?

Translated from H. Norman Wright, "What is Loss?," *A Curriculum Resource on How to Speak Your Spouse's Language*; trans. Carola Goldenberg.

SESIÓN 31

EL DOLOR Y LA PÉRDIDA PARTE II

OBJETIVOS:

1. Identificación de las emociones asociadas al duelo y a la pérdida.
2. Examinación de las lecciones aprendidas sobre la pérdida.
3. Desarrollo de una línea de tiempo sobre nuestras pérdidas y bendiciones.
4. Reflexión sobre los tipos de pérdidas a lo largo de nuestras vidas.
5. Práctica de un ejercicio de relajación.

PREGUNTAS FINALES DE LA SESIÓN

¿Qué te pareció nuevo, interesante y/o útil en esta lección?

____

¿Qué has aprendido sobre ti misma?

____

¿Qué aspectos de tu vida cambiarás como resultado de esta lección?

____

El duelo: Una madeja de emociones

FIGURA 31.1

Magnolias de acero

Cuestionario audiovisual

1. ¿Qué emociones/sentimientos puedes identificar en la reacción de la madre (el personaje de Sally Field)? (Mira la madeja de emociones para ayudarte)

2. ¿Cómo te parece que se sentían los otros personajes femeninos?

3. ¿Qué pensamientos pasaban por la cabeza de la madre?

4. ¿Qué diferencias había entre los hombres y las mujeres en la película?

5. ¿Crees que el padre y el marido de Shelby que murió también estaban sufriendo?

6. ¿Cuáles fueron los mecanismos/recursos de afrontamiento que los personajes utilizaron para lidiar con su dolor?

Las pérdidas de la infancia

A Curriculum Resource on Helping Others Recover from Losses and Grief, por el Dr. H. Norman Wright (Un recurso curricular para ayudar a otros a recuperarse de las pérdidas y el dolor)

La pérdida de una mascota
La participación (o falta de participación) de los padres
El divorcio de los padres (hogar, barrio, amigos, estándar de vida, reuniones familiares, autoestima)
El abuso
El abandono—físico y emocional

LAS PÉRDIDAS PASADAS

1. Reflexiona sobre una de las primeras pérdidas significativas de tu vida. ¿Cuándo ocurrió? ¿Qué edad tenías? ¿Dónde ocurrió? ¿Quiénes eran las personas implicadas? ¿Qué ocurrió realmente?

2. ¿Cuáles eran tus sentimientos en ese momento?

3. ¿Cuáles fueron tus reacciones? ¿Cuáles fueron positivas? ¿Cuáles fueron negativas?

4. ¿Alguien te dio sugerencias o consejos sobre cómo manejar la pérdida?

5. ¿Qué aprendiste sobre la pérdida como resultado de tu primera experiencia? ¿Recuerdas alguna frase que te haya quedado grabada a lo largo de los años?

6. ¿Qué aprendiste entonces que puede estar dificultando tu forma de afrontar la pérdida hoy en día?

7. ¿Qué aprendiste sobre la pérdida a una edad temprana que te ayuda hoy en día?

Translated and adapted from H. Norman Wright, "The Losses of Childhood," *A Curriculum Resource on How to Speak Your Spouse's Language*; trans. Carola Goldenberg.

Cronología personal de las pérdidas y bendiciones

Registra los acontecimientos que recuerdes (o que te hayan contado) desde tu nacimiento hasta esta fecha, en orden cronológico. Dibuja las pérdidas en la parte inferior de la línea y las bendiciones o ganancias en la parte superior. Fija la fecha o pon tu edad en el momento de estos acontecimientos.

Recursos para el duelo

Gran parte del material para estas lecciones se obtuvo de los libros escritos por el Dr. H. Norman Wright sobre el tema del duelo y la pérdida, así como de la asistencia a muchos de sus seminarios. Puedes acceder a su información en el sitio web: **http://www.hnormanwright.com/**.

Se puede acceder a *Tear Soup and other grief resources* (Sopa de lágrimas y otros recursos para el duelo) en: **http://www.griefshare.org/**.

Este sitio web también ofrece una gran cantidad de organismos e información para tratar todo tipo de cuestiones relacionadas con el duelo: **http://www.griefwatch.com/helpful-links**. Encontré aproximadamente ocho páginas de recursos en esta página web.

El duelo es algo que no se puede "resolver" en dos lecciones. Espero que estas lecciones te hayan enseñado el impacto que el duelo no resuelto puede tener en nuestras vidas y te hayan animado a saber que no estás solo en tus sentimientos y experiencias. La ayuda está disponible, y espero que busques en los recursos mencionados, o incluso mejor, que accedas a un buen grupo de ayuda en el duelo o consejero/a en tu área para que puedas recibir la recuperación para seguir adelante de una manera positiva y saludable.

SESIÓN 32

LAS RELACIONES—LA PRÁCTICA DE BUENOS COMPORTAMIENTOS

OBJETIVOS:

1. Identificación de los comportamientos abusivos en las relaciones.
2. Examinación de nuestros comportamientos hacia nuestra pareja e identificación de lo que debe cambiar para lograr una relación sana.
3. Identificación de nuestras necesidades en una relación sana.
4. Práctica de una técnica de relajación.

PREGUNTAS FINALES DE LA SESIÓN

¿Qué te pareció nuevo, interesante y/o útil en esta lección?

____

¿Qué has aprendido sobre ti misma?

____

¿Qué aspectos de tu vida cambiarás como resultado de esta lección?

____

Reconociendo relaciones saludables y no saludables

Al examinar tus relaciones actuales o pasadas (si no estás en una relación), ¿cómo te trató tu pareja?

Mi Pareja es ...	Evaluación			Esto es Importante para Mí ...
1. Receptivo/a a mis opiniones y actividades	No	A veces	Definitivamente	________
2. Abierto/a a hablar sobre cómo me hacen sentir sus comportamientos	No	A veces	Definitivamente	________
3. Me envía mensajes de texto o me llama todo el tiempo	No	A veces	Definitivamente	________
4. Me grita o me humilla delante de los demás	No	A veces	Definitivamente	________
5. Apoya las cosas que hago	No	A veces	Definitivamente	________
6. Se molesta cuando expreso una opinión diferente	No	A veces	Definitivamente	________
7. Tiene una actitud posesiva hacia mí y mis acciones	No	A veces	Definitivamente	________
8. Comprende que yo también tengo mi propia vida	No	A veces	Definitivamente	________
9. Dice que estoy demasiado involucrado/a en diferentes actividades	No	A veces	Definitivamente	________
10. Me hace sentir que no puedo hacer nada bien o me culpa de nuestros problemas	No	A veces	Definitivamente	________
11. Pone excusas para el comportamiento abusivo, ya sea pasado o presente	No	A veces	Definitivamente	________
12. Desestima o minimiza cuando le digo que me ha hecho daño	No	A veces	Definitivamente	________
13. Me anima a probar cosas nuevas	No	A veces	Definitivamente	________
14. No se toma en serio mis sentimientos; utiliza pequeñas señales de falta de respeto como poner los ojos en blanco o darse la vuelta o alejarse de mí	No	A veces	Definitivamente	________
15. Utiliza un lenguaje abusivo o abuso emocional	No	A veces	Definitivamente	________
16. Me acusa de coquetear o engañar cuando no es así	No	A veces	Definitivamente	________
17. Utiliza métodos de intimidación, control y humillación para controlarme	No	A veces	Definitivamente	________
18. Otro				
19. Otro				
20. Otro				

¿Cómo te hacen sentir estos comportamientos?

Reconociendo las relaciones saludables y las no saludables

Considera estas preguntas desde la PERSPECTIVA de TU pareja: ¿cómo calificaría TU comportamiento?

Mi Pareja es ...	Evaluación			Áreas en Las Que Necesito Trabajar
1. Más receptiva/o a mis opiniones y actividades que en el pasado	No	A veces	Definitivamente	______
2. Más abierta/o a hablar sobre cómo me hacen sentir sus comportamientos	No	A veces	Definitivamente	______
3. Busca abiertamente ayuda profesional porque realmente quiere cambiar	No	A veces	Definitivamente	______
4. Acepta la responsabilidad de sus acciones y reconocer que su comportamiento no era sano o era inaceptable	No	A veces	Definitivamente	______
5. Me envía mensajes de texto o me llama todo el tiempo	No	A veces	Definitivamente	______
6. Me grita o me humilla delante de los demás	No	A veces	Definitivamente	______
7. Apoya las cosas que hago	No	A veces	Definitivamente	______
8. Se molesta cuando expreso una opinión diferente	No	A veces	Definitivamente	______
9. Tiene una actitud posesiva hacia mí y mis acciones	No	A veces	Definitivamente	______
10. Comprende que yo también tengo mi propia vida	No	A veces	Definitivamente	______
11. Dice que estoy demasiado involucrado/a en diferentes actividades	No	A veces	Definitivamente	______
12. Me hace sentir que no puedo hacer nada bien o me culpa de nuestros problemas	No	A veces	Definitivamente	______
13. Pone excusas para el comportamiento abusivo, ya sea en el pasado o en el presente	No	A veces	Definitivamente	______
14. Desestima o minimiza cuando le digo que me ha hecho daño	No	A veces	Definitivamente	______
15. Me anima a probar cosas nuevas	No	A veces	Definitivamente	______
16. No se toma en serio mis sentimientos; utiliza pequeñas señales de falta de respeto como poner los ojos en blanco o darse la vuelta o alejarse de mí	No	A veces	Definitivamente	______
17. Ha sustituido la violencia física por el lenguaje abusivo o el abuso emocional	No	A veces	Definitivamente	______
18. Me acusa de coquetear o engañar	No	A veces	Definitivamente	______
19 Utiliza la presión o la culpa cuando se trata de nuestra vida sexual	No	A veces	Definitivamente	______
20. Utiliza métodos de intimidación, control y humillación para controlarme	No	A veces	Definitivamente	______

¿Cómo crees que estos comportamientos hacen sentir a tu pareja?

SESIÓN 33

LA COMUNICACIÓN EN LAS RELACIONES—LA LUCHA JUSTA

OBJETIVOS:

1. Aprendizaje de la diferencia entre la lucha justa y la injusta.
2. Evaluación de nuestras prioridades en una relación de pareja.
3. Compromiso a aprender dos o tres cosas nuevas sobre nuestra pareja.
4. Práctica de una técnica de relajación.

PREGUNTAS FINALES DE LA SESIÓN

¿Qué te pareció nuevo, interesante y/o útil en esta lección?

___

¿Qué has aprendido sobre ti misma?

___

¿Qué aspectos de tu vida cambiarás como resultado de esta lección?

___

Siguiendo instrucciones

¿PUEDES SEGUIR INSTRUCCIONES?

Test de tres minutos:

1. Lee todo antes de hacer cualquier cosa.
2. Pon tu nombre en la esquina superior derecha de esta página.
3. Circula la parabra "nombre" en la oración 2.
4. Dibuja cinco cuadrados pequeños en la esquina superior derecha.
5. Pon una X en cada uno de los cuadrados que acabas de dibujar.
6. Pon un círculo alrededor de cada cuadrado.
7. Firma con tu nombre bajo el título de esta página.
8. Después del título, escribe "sí, sí, sí".
9. Subraya las oraciones número 7 y 8.
10. Pon una X en la esquina inferior izquierda de esta página.
11. Dibuja un triángulo alrededor de la X que acabas de hacer.
12. En esta página, multiplica 70 por 30.
13. Dibuja un círculo alrededor de la palabra "superior" en la oración 4.
14. Di en voz alta tu nombre de pila cuando llegues a este punto de la prueba.
15. Si crees que has seguido cuidadosamente estas instrucciones, di: "He seguido cuidadosamente las instrucciones".
16. En el reverso de esta página, añade 107 y 278.
17. Cuenta en voz alta (con tu voz normal) del 1 al 10.
18. Si eres la primera persona que llega hasta aquí, grita en voz alta: "Soy la primera persona que llega hasta aquí siguiendo estas instrucciones".
19. Haz tres agujeros pequeños en el papel con tu lápiz aquí ...
20. Ahora que has terminado de leer con atención, haz solo las oraciones uno y dos.

Evaluación de las prioridades del matrimonio

Marriage Fitness: 4 Steps to Building and Maintaining Phenomenal Love, Fertel, M. (2004) MarriageMax, Baltimore, MD. La evaluación completa se encuentra disponible en **www.MarriageMax.com** *(La Salud del Matrimonio: 4 Pasos para Construir y Mantener un Amor Fenomenal)*

Una de las habilidades más importantes que debes aprender para tener éxito en tu matrimonio es "poner el amor primero". En otras palabras, para tener un buen matrimonio, tu cónyuge y tu relación tienen que ser la máxima prioridad en tu vida, sin excepción. Responde a las preguntas que aparecen a continuación con "verdadero" o "falso" y comprueba cómo te va. Compara tu puntuación con la escala de evaluación que aparece a continuación.

1. Cuando mi cónyuge llama por teléfono, casi siempre me toma tiempo para hablar.	Verdadero	Falso
2. Si estoy con mi cónyuge y otra persona llama por teléfono, normalmente no tomo la llamada.	Verdadero	Falso
3. Hablo con mi cónyuge de asuntos no logísticos al menos dos veces al día.	Verdadero	Falso
4. Cuando ocurre algo importante en mi vida, casi siempre lo comparto primero con mi cónyuge.	Verdadero	Falso
5. Inicio un contacto físico positivo y cariñoso con mi cónyuge al menos dos veces al día.	Verdadero	Falso
6. Cuando vamos a un acto social, casi siempre paso al menos la mitad del tiempo hablando con mi cónyuge.	Verdadero	Falso
7. Cuando mi cónyuge entra a la casa, casi siempre interrumpo lo que estoy haciendo para saludarlo/a.	Verdadero	Falso
8. Cuando entro a la casa, lo primero que suelo hacer es saludar a mi cónyuge.	Verdadero	Falso
9. Paso más tiempo interactuando con mi cónyuge que viendo la televisión.	Verdadero	Falso
10. Paso más tiempo interactuando con mi cónyuge que con cualquier otra persona en mi vida.	Verdadero	Falso
11. Suelo interrumpir lo que estoy haciendo si mi cónyuge quiere mi atención.	Verdadero	Falso
12. Cuando necesito hablar con alguien, casi siempre hablo con mi cónyuge.	Verdadero	Falso
13. Casi siempre reconozco de manera significativa el cumpleaños de mi cónyuge, nuestro aniversario y otros días especiales.	Verdadero	Falso
14. Mi cónyuge y yo salimos juntos a solas al menos una vez por semana.	Verdadero	Falso
15. Mi cónyuge y yo nos vamos de vacaciones a solas al menos una vez al año.	Verdadero	Falso
16. Tengo fotografías de mi cónyuge en mi oficina, cartera o taquilla del gimnasio.	Verdadero	Falso
17. Tengo al menos una conversación personal y significativa con mi cónyuge por semana durante un mínimo de 25 minutos.	Verdadero	Falso
18. Hago regularmente cosas innecesarias para mi cónyuge.	Verdadero	Falso

ESCALA DE EVALUACIÓN

1–9: Mal estado físico. Tus prioridades están fuera de lugar.

10–14: Mediocre. Esto no servirá si estás tratando de renovar tu matrimonio.

15–18: Campeón en el estado físico matrimonial. Parece que tienes tus prioridades claras.

Conocimiento de la evaluación matrimonial de tu cónyuge

Marriage Fitness: 4 Steps to Building and Maintaining Phenomenal Love, Fertel, M. (2004) MarriageMax, Baltimore, MD. La evaluación completa se encuentra disponible en **www.MarriageMax.com** *(La Salud del Matrimonio: 4 Pasos para Construir y Mantener un Amor Fenomenal)*

El amor no es algo que recibes de tu cónyuge; es algo que recibes como resultado de darle a tu cónyuge. Pero dar no es fácil. No podemos darle algo a alguien que no lo quiere o necesita. ¿Cómo sabes qué regalarle a tu cónyuge? ¿Cómo sabes qué es lo que le llegaría al alma? Tienes que conocerlo/la muy bien.

¿Qué tan bien conoces a tu cónyuge? ¿Qué tan bien te conoce tu cónyuge?

Responde a las siguientes preguntas y luego pregúntale a tu cónyuge cuántas preguntas has respondido correctamente. Calcula tu puntuación y compárala con la escala de evaluación que aparece a continuación.

1. ¿Cuál es el color favorito de tu cónyuge? ______
2. ¿Cuál es la ciudad favorita de tu cónyuge para visitar? ______
3. ¿Cuál es el destino de vacaciones favorito de tu cónyuge? ______
4. ¿Cuál es el restaurante favorito de tu cónyuge? ______
5. ¿Qué tipo de comida le gusta más a tu cónyuge? ______
6. ¿Cuál es la comida casera favorita de tu cónyuge? ______
7. ¿Cuál es el postre favorito de tu cónyuge? ______
8. ¿Cuál es la celebración favorita de tu cónyuge? ______
9. ¿Cuál es la celebración más temida por tu cónyuge? ______
10. ¿Quién es el mejor amigo de tu cónyuge? ______
11. ¿Quién es el pariente favorito de tu cónyuge? ______
12. ¿Cuál es la tienda de ropa favorita de tu cónyuge? ______
13. ¿Qué talla de camisa/blusa usa tu cónyuge? ______
14. ¿Qué talla de pantalones/faldas usa tu cónyuge? ______
15. ¿Qué talla de traje/vestido usa tu cónyuge? ______
16. ¿Qué talla de zapatos usa tu cónyuge? ______
17. ¿Qué es lo que más le gusta a tu cónyuge que vistas TÚ? ______
18. ¿Cuál es el día de la semana favorito de tu cónyuge? ______
19. ¿Qué es lo que más relaja a tu cónyuge? ______
20. ¿Qué es lo que más estresa a tu cónyuge? ______
21. ¿Cuál es la tarea más temida por tu cónyuge? ______
22. ¿Cuál es la manía de tu cónyuge? ______
23. ¿Cuál es la cosa que tu cónyuge siempre ha querido? ______
24. ¿Quién es el actor favorito de tu cónyuge? ______

Translated from Mort Fertel, "Knowledge of Your Spouse Marriage Assessment," *Marriage Fitness: 4 Steps to Building and Maintaining Phenomenal Love*, trans. Carola Goldenberg.

25. ¿Cuál es la película favorita de tu cónyuge? ____________________
26. ¿Quién es el artista favorito de tu cónyuge? ____________________
27. ¿Quién es el músico favorito de tu cónyuge? ____________________
28. ¿Qué tipo de música le gusta más a tu cónyuge? ____________________
29. ¿Cuál es la forma favorita de hacer el amor de tu cónyuge? ____________________
30. ¿Con qué frecuencia al mes o por semana le gusta hacer el amor a tu cónyuge? ____________________
31. ¿Cuál es el autor favorito de tu cónyuge? ____________________
32. ¿Cuál es el libro favorito de tu cónyuge? ____________________
33. ¿Qué tipo de libros le gusta leer a tu cónyuge? ____________________
34. ¿Cuál es el deporte favorito de tu cónyuge para ver? ____________________
35. ¿Quién es el héroe deportivo de tu cónyuge? ____________________
36. ¿Cuál es el equipo deportivo favorito de tu cónyuge? ____________________
37. ¿Cuál es la afición favorita de tu cónyuge? ____________________
38. ¿A qué temperatura le gusta a tu cónyuge poner el termostato? ____________________
39. ¿Cuál es el tema de discusión favorito de tu cónyuge? ____________________
40. Si tu cónyuge tuviera 100 dólares más para gastar en cada semana, ¿en qué los gastaría? ____________________
41. Si tu cónyuge recibiera un millón de dólares y tuviera que gastarlo en una semana, ¿cuál sería el primer artículo caro que compraría? ____________________
42. ¿Qué tipo de vacaciones prefiere tu cónyuge?
    a. Sol, diversión y relajación
    b. Visitas turísticas
    c. Aventura al aire libre
43. El mejor regalo para mi cónyuge es algo:
    a. Práctico
    b. Sentimental
    c. Solo lo que me pide
    d. Una sorpresa
44. Mi cónyuge prefiere comprar/llevar:
    a. Oro
    b. Plata
    c. Platino

ESCALA DE EVALUACIÓN (¿CUÁNTO SABÍAS?)

0–28: Mal estado físico. Vives con un/a casi desconocido/a.

29–38: Mediocre. Si estás tratando de renovar tu matrimonio, esto no te alcanzará.

39–44: Campeón en el estado físico matrimonial. ¡Buen trabajo!

SESIÓN 34

LA RESOLUCIÓN DE CONFLICTOS—LOS ADULTOS EMOCIONALMENTE SALUDABLES

OBJETIVOS:

1. Identificación de qué nos impide admitir nuestro papel en un conflicto.
2. Exposición de nuestra experiencia buscando lo positivo de nuestra pareja/hijos durante esta última semana.
3. Consideración de las respuestas empáticas que podemos utilizar cómodamente.
4. Reconocimiento y compromiso con los comportamientos pacificadores.
5. Consideración de un método evaluativo para utilizar durante un tiempo de descanso con el fin de resolver el conflicto.
6. Práctica de un ejercicio de relajación.

PREGUNTAS FINALES DE LA SESIÓN

¿Qué te pareció nuevo, interesante y/o útil en esta lección?

___

¿Qué has aprendido sobre ti misma?

___

¿Qué aspectos de tu vida cambiarás como resultado de esta lección?

___

10 sugerencias para mantener la paz

1. NO INSULTES, NUNCA. Los insultos hacen daño, alimentan la pelea, crean resentimiento y muestran falta de respeto.
2. NO PSICOANALICES A TU PAREJA. (Ejemplo: "Necesitas tanta atención porque tu madre te ignoró").
3. NO LLEVES LA CUENTA DE QUIÉN GANÓ LA ÚLTIMA DISCUSIÓN NI SAQUES A RELUCIR TODAS LAS DISCUSIONES PASADAS. Esto nunca es útil y empeora las cosas.
4. NO ESTÉS DE ACUERDO, PERO NO SEAS DESAGRADABLE. Hazle saber a tu pareja que te importa su opinión, aunque no estés de acuerdo. Las discusiones generan resentimiento, no porque la pareja tenga puntos de vista diferentes, sino porque los expresa de forma insensible y habla sin pensar. Tomarse de la mano mientras se resuelven las diferencias puede ayudar, pero nunca te inmiscuyas en el espacio físico de tu pareja sin permiso.
5. ENCUENTRA UN BUEN MOMENTO PARA HABLAR. Intenta elegir un momento tranquilo y sin distracciones. No empieces las conversaciones importantes a última hora de la noche o cuando uno de los dos acaba de llegar del trabajo.
6. SI TIENES GANAS DE GRITAR O DECIR ALGO DESAGRADABLE, CÁLMATE, ORDENA TUS PENSAMIENTOS Y REPLANTEA LO QUE ACABA DE DECIR TU COMPAÑERO. Así ganarás tiempo, harás saber a tu interlocutor que le has escuchado con atención y le permitirás aclararse en caso de que te haya entendido mal.
7. DISCUTE SENTADO/A. Si conservan sus asientos, reducirás la probabilidad de que se produzcan salidas de tono, posturas intimidatorias y retiros prematuros.
8. LOS CONFLICTOS RARA VEZ SE RESUELVEN EN EL CALOR DEL MOMENTO. Antes de salir corriendo de la habitación, acuerda sentarte a hablar cuando las emociones sean menos volátiles. No dejes los asuntos sin resolver. Quien haya interrumpido la conversación debe encargarse de reprogramarla.
9. EVITA HABLAR EN TÉRMINOS ABSOLUTOS, CÍÑETE AL TEMA Y EVITA LAS GENERALIZACIONES. Frases como "tú siempre ... " o "tú nunca ... " son amenazantes, inexactas y agravan la discusión. No saques a relucir todos tus resentimientos pasados y los metas en esta situación.
10. DALE LAS GRACIAS A TU PAREJA. Decir "Gracias, eso tuvo un significado especial" cada vez que tu pareja ha sido comprensiva y cooperativa es mucho mejor que estar malhumorado/a e impaciente.

Hoja de trabajo para la resolución de conflictos

I. Planifica una reunión para discutir el conflicto:

A. **¿CUÁNDO**? Elige el momento adecuado:

¿Cuándo te conviene? ¿En qué circunstancias?

____

B. **¿DÓNDE**? Elige el lugar adecuado:

¿Dónde te conviene? ¿Y a tu pareja?

____

C. **¿CÓMO**? *Confiesa tu rol en el conflicto. Reconoce cómo puedes haber herido a esta persona en el conflicto.*

D. **¿QUÉ**? Preséntate con una actitud positiva—trabaja en el problema, NO la persona.

¿Cuál es mi actitud/pensamiento respecto a esta situación? ¿Qué debo hacer para "convertir" mis pensamientos negativos en positivos?

____

____

II. Evalúa el conflicto:

A. **¿CUÁL** es el problema?

____

____

B. **¿POR QUÉ** es un problema? ¿Para mí? ¿Para mi pareja?

____

____

C. **¿CUÁLES** son mis sentimientos/pensamientos en este momento? ¿Son verdaderos? ¿Hay pruebas, o es una "cinta vieja"?

____

____

D. **¿CUÁLES** son las preocupaciones/perspectivas de mi pareja en esta situación?

____

____

E. **¿QUÉ** resultado positivo quiero a raíz de esta situación?

____

____

III. Reconcilia la relación:

A. **¿DE QUÉ** "armas de destrucción masiva" necesito deshacerme?

(marca con un círculo todo lo que corresponda—agrega lo que no está en la lista)

agravios amenazas traer a colación el pasado insultos

intimidación menosprecio ignorar criticar

tener que estar en LO CORRECTO actitud defensiva sarcasmo/cinismo

____

____

B. **¿QUÉ** herramientas necesitas usar con más frecuencia?

(marca con un círculo todo lo que corresponda—agrega lo que no está en la lista)

escuchar y reflexionar usar frases con "yo" en vez de "tú"

presentar los hechos, no mi opinión expresar claramente mis necesidades

tener una consideración positiva hacia mi pareja disculparme calmarme

reconocer mi responsabilidad en el conflicto buscar lo positivo/apreciar

____

____

C. **¿DE QUÉ** necesito deshacerme en esta situación para poder concentrarme en lo positivo?

____

____

Comienzos de respuestas positivas

"Estoy entendiendo que ... "

"Para mí, es como que estuvieras diciendo ... "

"Tengo la sensación de que ... "

"Te hace sentir que ... "

"Lo que escucho es que ... "

"Entonces, piensas ... "

"Tengo la sensación de que quizás sientes ... "

"Realmente te escucho decir que ... "

"Parece que sientes ... "

"Parece que ... "

"Debes haber sentido ... "

"Entonces, desde tu lugar ... "

"A veces tú ... "

"Tu mensaje parece ser que yo ... "

"Te ves ... "

Ser empático significa ponerse en el lugar de la otra persona e imaginar lo que siente desde "su" perspectiva. La empatía no consiste en arreglar o corregir la forma en que se sienten, sino en "reflejar" lo que han dicho.

SESIÓN 35

GRUPO DE PROCESOS— ¿QUÉ HA MEJORADO?

OBJETIVOS:

1. Identificación de qué nueva habilidad o información has aprendido hasta ahora.
2. Reconocimiento de lo que has aprendido sobre ti misma.
3. Establecimiento de nuevos objetivos al finalizar el programa.
4. Práctica de una técnica de relajación.

PREGUNTAS FINALES DE LA SESIÓN

¿Qué te pareció nuevo, interesante y/o útil en esta lección?

____

¿Qué has aprendido sobre ti misma?

____

¿Qué aspectos de tu vida cambiarás como resultado de esta lección?

____

Formulario de evaluación del progreso—Fase IV

COPIA PARA EL ESTUDIANTE

Nombre ______________________ **Fecha** __________

Grupo y sesión __________________ **Total de sesiones hasta la fecha** __________

Nivel de participación: En una escala del 1 al 5, califícate en las siguientes cuestiones, siendo 1 la puntuación más baja y 5 la más alta. Las preguntas miden lo que haces con más frecuencia.

Comparto información personal con el grupo/facilitador sobre mis pensamientos, sentimientos, comportamientos, éxitos y/o desafíos mientras trabajo en este programa.	**1**	**2**	**3**	**4**	**5**
Veo mejoras en esta área:	**Sí**	**No**	**No estoy segura**		
Estoy abierta a recibir comentarios de mis compañeras y/o del facilitador sin ponerme a la defensiva o retraerme.	**1**	**2**	**3**	**4**	**5**
Veo mejoras en esta área:	**Sí**	**No**	**No estoy segura**		
Soy capaz de dar una crítica constructiva a mis compañeras y/o al facilitador sin ser agresiva o grosera.	**1**	**2**	**3**	**4**	**5**
Veo mejoras en esta área:	**Sí**	**No**	**No estoy segura**		
Completo los deberes para el hogar.	**1**	**2**	**3**	**4**	**5**
Veo mejoras en esta área:	**Sí**	**No**	**No estoy segura**		
Asumo la responsabilidad de mi violencia y estoy dispuesta a comunicárselo al grupo cuando sea necesario.	**1**	**2**	**3**	**4**	**5**
Veo mejoras en esta área:	**Sí**	**No**	**No estoy segura**		

Soy capaz de ver las situaciones desde el punto de vista de mi pareja y/o familiares cuando no estamos de acuerdo (empatía).	**1**	**2**	**3**	**4**	**5**
Veo mejoras en esta área:	**Sí**	**No**	**No estoy segura**		
Soy capaz de reconocer mis sentimientos, pensamientos y necesidades emocionales (autoconciencia).	**1**	**2**	**3**	**4**	**5**
Veo mejoras en esta área:	**Sí**	**No**	**No estoy segura**		
Soy capaz de compartir mis necesidades y sentimientos con mi pareja y con los demás de forma positiva (asertividad).	**1**	**2**	**3**	**4**	**5**
Veo mejoras en esta área:	**Sí**	**No**	**No estoy segura**		

Con respecto a mis relaciones/crecimiento personal, siento que he mejorado:

____

____

Todavía se me dificulta y necesito mejorar en esta área:

____

____

La ventana de Johari

	Conocido por uno mismo	Desconocido por uno mismo
Conocido por otros		
Desconocido por otros		

FASE V

SESIONES 36–44

CAMBIANDO DE DIRECCIÓN

SESIÓN 36

RECONOCIENDO LA IRA Y SUS EFECTOS EN LOS NIÑOS—LAS DISCULPAS

OBJETIVOS:

1. Evaluación de cómo nuestra ira influye en la vida de nuestros hijos, pareja y otras personas.
2. Reconocimiento de los lenguajes de la disculpa.
3. Análisis de las diferencias entre conductas de maltrato y de cuidado durante la crianza.
4. Elección de un acto de restauración que practicarás con tus hijos, pareja y/o padres.
5. Práctica de una técnica de relajación.

PREGUNTAS FINALES DE LA SESIÓN

¿Qué te pareció nuevo, interesante y/o útil en esta lección?

___

¿Qué has aprendido sobre ti misma?

___

¿Qué aspectos de tu vida cambiarás como resultado de esta lección?

___

La indignación y mis hijos

La indignación puede ser una emoción difícil de manejar, y la forma en que mostramos nuestra indignación frente a nuestros/as hijos/as puede tener un impacto significativo en ellos. Los niños no siempre tienen que presenciar actos concretos de violencia para verse afectados. El simple hecho de ver los resultados finales (lesiones, daños a la propiedad), escuchar la violencia o ver los signos de violencia reciente (moretones días después) puede ser perjudicial para ellos.

1. ¿Qué mensaje les transmite mi indignación a mis hijos/as?

   ____

   ____

2. ¿Cómo describen mis niños/as mi indignación?

   ____

   ____

3. Cuando me enojo, mi hijo/a responde:

   ____

   ____

4. ¿Qué te imaginas que tu hijo/a "siente" cuando estás enojado/a?

   ____

   ____

5. El valor más importante que quiero enseñarle a mi hijo/a sobre la indignación es:

   ____

   ____

Jada Pinkett Smith-Siempre siendo la víctima

CUESTIONARIO AUDIOVISUAL

1. ¿Cómo la ira de Jada influyó en su hija Willow?
2. ¿Qué comportamientos tenía su hija que Jada desconocía?
3. ¿Crees que la ira de Jada tuvo alguna influencia en las decisiones de su hija?
4. ¿Qué experiencias tuvo la madre de Jada con su cónyuge que fueron una "sorpresa" para Jada?
5. ¿Qué ocurrió tras el divorcio de sus padres?
6. ¿Qué creía Jada que "debía ser" según sus experiencias infantiles?
7. ¿Cómo le fue? ¿En su carrera? ¿Su familia?
8. ¿Qué ocurre con la ira y la rabia?
9. ¿Qué se convirtió en la señal de alerta de Jada? ¿Qué cambió?
10. ¿Cómo percibe ahora sus experiencias?
11. ¿Qué hizo para romper el ciclo?
12. Al ver este video, ¿qué es lo que más te inspiró?
13. ¿Hay alguna preocupación cultural que te haya llamado la atención?
14. ¿Con qué partes del viaje de Jada te identificas?

FIGURA 36.1 La rueda del cuidado de los niños

CRÉDITO

Fig. 36.1: National Center on Domestic and Sexual Violence, "Cuidado y Protección de Sus Hijos," https://www.theduluthmodel.org/wp-content/uploads/2017/03/Poster_CuidadoYProteccion.pdf. Copyright © 2017 by Domestic Abuse Intervention Programs.

SESIÓN 37

LAS RELACIONES SALUDABLES VS. LAS NO SALUDABLES

OBJETIVOS:

1. Contraste y evaluación de la dinámica de los comportamientos saludables y no saludables en las relaciones de pareja.
2. Identificación de nuestros comportamientos ante un conflicto utilizando el modelo adulto-padre-hijo.
3. Reconocimiento de los comportamientos que debemos aplicar en la etapa adulta de interacción ante un conflicto.
4. Aprendizaje de nuestro lenguaje de disculpas y el de tus hijos.
5. Práctica de un ejercicio de relajación.

PREGUNTAS FINALES DE LA SESIÓN

¿Qué te pareció nuevo, interesante y/o útil en esta lección?

___

¿Qué has aprendido sobre ti misma?

___

¿Qué aspectos de tu vida cambiarás como resultado de esta lección?

___

¿Es saludable o no?

Este ejercicio puede ayudarte a evaluar tu relación. Se supone que cuantas menos características no saludables tenga tu relación, mayor será su calidad. Identifica las siguientes afirmaciones como "S" con los comportamientos saludables o "NS" con los comportamientos no saludables. Luego, teniendo en cuenta tu relación actual o la última, califícate a ti mismo/a en esta relación según cada afirmación basándote en la siguiente escala:

0 = nunca; 1 = rara vez; 2 = a veces; 3 = a menudo; 4 = casi siempre; 5 = siempre

Necesita tener el control

Respeta las necesidades de otros

Abierta/o al cambio

No respeta los límites

Igual de preocupada/o por las necesidades

Resuelve problemas

Desalienta otras amistades

Crítica mutua

No necesita preocuparse

Manipula para conseguir lo que quiere

Se preocupa por que el otro/a no se enoje

Valorar la autosuficiencia

Da para impresionar

Quiere cambiarte

Incompleta/o sin un compañero/a

Culpa a otros/as por los problemas

Demanda amor incondicional

Demanda compromiso total

Se concentra en el pasado

Teme dejarse llevar

Solo se preocupa por sus propias necesidades

Se siente que todo lo consume

Permite la individualidad

Respeto mutuo de los límites

Teme el cambio

Comparte intereses similares

Acepta otras amistades

Apoyo mutuo

Generalmente hace lo que quieren otros

Pide libremente lo que quiere, necesita, etc.

Causa discusiones

Se concentra en el futuro

Da por el placer de dar

Te acepta/no te controla

Acepta el final

Acepta responsabilidad

Acepta el amor condicional

Valora el compromiso mutuo

Estilos de interacción entre adultos, padres y niños

Adulto ———————————————————— **Adulto**

Fija objetivos	Pacífico	Autocontrol	Perdona
Cortés	Honorable	Leal	Confiado
Sincero	Seguro	Suave	Amable
Esperanzado	Modesto	Perseverante	Bueno
Amoroso	Generoso	Fiel	Responsable
Comunica	Considerado	Aclara	
Escucha	Paciente	Se disculpa	

Padre ———————————————————— **Padre**

Maestro autodesignado	Controlador	Preocupado
Sargento instructor	Mandón	Permisivo
Dominante	Sermonea	Facilitador
Sobreprotector	Demandante	Avergüenza
Sofocador	Crítico	Codependiente

Niño ———————————————————— **Niño**

Discutidor	Caprichoso	Acusa	Manipula
Rebelde	Desesperado	Reaccionario	Dice malas palabras
Berrinchudo	Perdido	Miente	
Retraído	Exagera	Vengativo	Adicciones
Egoísta	Impaciente	Guarda rencor	Defensivo
Egocéntrico	Maleducado	Culpa a otros	Pasivo-agresivo
Dependiente	Se queja	Ignora	Tramposo
Complaciente	Amenaza	Pega	Impulsivo

Habilidades de la comunicación positiva

Revisa la siguiente lista y califícate a ti misma según lo bien que crees que lo estás haciendo en esa área. En la segunda línea, puntúa cómo crees que te calificaría tu pareja (o el padre de tus hijos) y/u otras personas cercanas a ti. Si hay una discrepancia, ten en cuenta que las percepciones de los demás sobre nosotros suelen influir en la forma en que se relacionan con nosotros.

0 = nunca; 1 = rara vez; 2 = a veces; 3 = a menudo; 4 = casi siempre; 5 = siempre

	Yo	Otros/as
Escucho bien a los demás cuando me hablan.	________	________
Soy paciente cuando los demás son diferentes a mí.	________	________
Mis elecciones demuestran que me valoro y respeto.	________	________
Acepto la responsabilidad de mis actos.	________	________
Muestro respeto por las opiniones de los demás.	________	________
Soy digno de confianza.	________	________
Acepto/busco el consejo de mi pareja.	________	________
Soy capaz de admitir mis errores.	________	________
Soy capaz de ejercer el autocontrol.	________	________
Respeto las necesidades de los demás.	________	________
Soy capaz de comprometerme.	________	________
Puedo perdonar los errores de los demás.	________	________
Soy capaz de corregir a los demás con delicadeza.	________	________
Soy capaz de reconocer mis sentimientos bajo el enojo.	________	________
Soy capaz de compartir mis sentimientos con otras personas cercanas.	________	________

¿Qué puedes hacer para reducir la discrepancia entre tu puntuación y la manera en que otros/as te perciben?

Los cinco lenguajes de la disculpa[1]

Lenguaje	Suena así:
Expresar arrepentimiento:	Lo siento.
Aceptar la responsabilidad:	Me equivoqué.
Reparar el daño:	¿Qué puedo hacer para enmendarlo?
Arrepentirse de verdad:	Intentaré no volver a hacerlo.
Pedir perdón:	¿Me perdonas, por favor?

¿Con qué "lenguaje" te identificas?

¿Qué "lenguaje" utiliza tu pareja?

¿Qué "lenguaje" utilizan tus hijos?

1 Adaptado de Dr. Gary Chapman's *Five Languages of Apology* (2006).

¡Ponle fin a la locura de hacer lo mismo y esperar resultados diferentes!

Concreta: ¿qué has hecho?

Admite lo que hiciste que merece una disculpa.

No culpes a la otra persona por tu comportamiento.

Empatía: reconoce cómo tu comportamiento/palabras afectaron a la otra persona.

Arrepiéntete: abandona ese comportamiento; ¿qué harás de forma diferente?

SESIÓN 38

LA SOCIALIZACIÓN Y AUTOCONVERSACIÓN

OBJETIVOS:

1. Consideración de qué determina nuestra socialización de género.
2. Evaluación de nuestra autoconversación positiva y negativa.
3. Evaluación de nuestros patrones familiares de abuso de sustancias y violencia.
4. Práctica de un ejercicio de relajación.

PREGUNTAS FINALES DE LA SESIÓN

¿Qué te pareció nuevo, interesante y/o útil en esta lección?

___

¿Qué has aprendido sobre ti misma?

___

¿Qué aspectos de tu vida cambiarás como resultado de esta lección?

___

Modelo de genograma

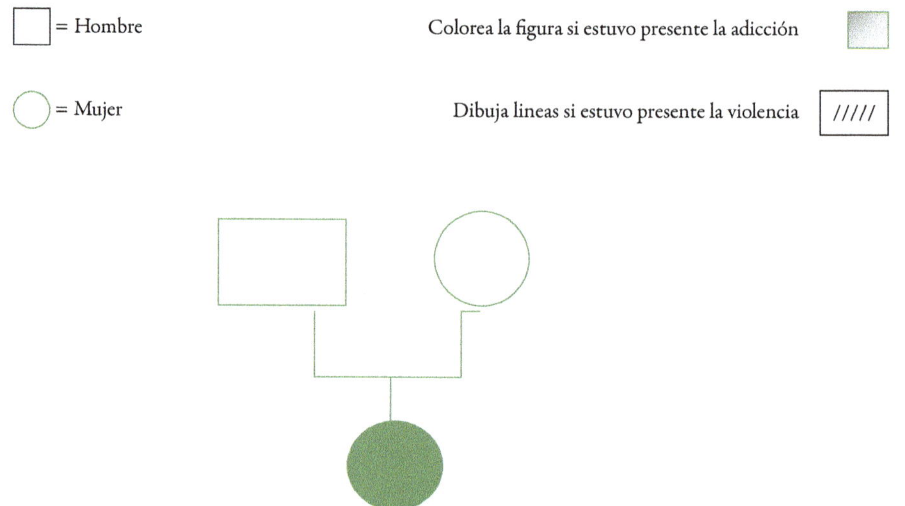

FIGURA 38.1

CRÉDITO

Fig. 38.1: Nada Yorke, *Otra Forma de... Elegir el Cambio: Manual del Participante*, p. 184. Copyright © 2023 by Cognella, Inc. Reprinted with permission.

SESIÓN 39

RELACIONES SALUDABLES VS. NO SALUDABLES UN CONTRASTE

OBJETIVOS:

1. Contraste de las dinámicas de pareja de Lisa y Vanessa, los personajes del video.
2. Evaluación de los factores de toxicidad de la relación de Lisa.
3. Consideración de los pros y los contras de que Lisa permanezca en esa relación abusiva.
4. Práctica de un ejercicio de relajación.

PREGUNTAS FINALES DE LA SESIÓN

¿Qué te pareció nuevo, interesante y/o útil en esta lección?

____

¿Qué has aprendido sobre ti misma?

____

¿Qué aspectos de tu vida cambiarás como resultado de esta lección?

____

Evaluación del peligro

JACQUELYN C. CAMPBELL, PHD, RN, FAAN

Conteste **SÍ** o **No** a cada una de las siguientes preguntas.

("Él" se refiere a su marido, pareja, ex-marido, ex-pareja o quien actualmente esté agrediéndola físicamente)

________ 1. ¿ Ha aumentado la violencia física en severidad o frecuencia, en el último año?
________ 2. ¿ Tiene él algún arma?
________ 3. ¿ Le ha dejado usted, después de vivir juntos, en el último año?
3a. [Si nunca ha vivido con él, séñálelo aquí ________]
________ 4. ¿ Está él en paro (desempleado, sin trabajo) actualmente?
________ 5. ¿ Ha usado algún arma contra usted o le ha amenazado con algún arma?
5a. [en caso afirmativo, ¿fue con una pistola? ________]
________ 6. ¿ Le ha amenazado con matarla?
________ 7. ¿ Ha evitado él ser arrestado por violencia doméstica?
________ 8. ¿ Tiene usted algún niño/hijo que no es de él?
________ 9. ¿ Le ha forzado a mantener relaciones sexuales cuando usted no lo deseaba?
________ 10. ¿ Ha intentado alguna vez estrangularla?
________ 11. ¿ Toma él drogas?, como por ejemplo anfetaminas, cocaina, heroína, crack u otras drogas.
________ 12. ¿ Es alcohólico o tiene problemas con el alcohol?
________ 13. ¿ Le controla él la mayoría de sus actividades diarias? Por ejemplo, le dice con quién puede hacer amistades, cuándo puede ver a su familia, cuánto dinero puede usar/ gastar, o cuándo puede coger el coche?

[Si lo intenta pero usted no le deja, señálelo aquí ________]

________ 14. ¿ Es celoso con usted constante y violentamente?
(Por ejemplo, dice "si no puedo tenerte, nadie podrá")
________ 15. ¿ Le ha golpeado alguna vez estando embarazada?
[Si no ha estado nunca embarazada de él, señálelo aquí ________]
________ 16. ¿ Alguna vez él ha amenazado con suicidarse o lo ha intentado?
________ 17. ¿ Amenaza él con hacer daño a sus hijos?
________ 18. ¿ Cree usted que es capaz de matarla?
________ 19. ¿ La persigue o espía, le deja notas amenazantes o mensajes en el contestador, destruye sus cosas o propiedades, o le llama cuando usted no quiere?
________ 20. ¿ Alguna vez ha amenazado usted con suicidarse o lo ha intentado?

________ Total de respuestas SÍ

SESIÓN 40

GESTIÓN DE CONFLICTOS—CONOCIÉNDOME PARTE I

OBJETIVOS:

1. Identificación de ti misma y de tu pareja/hijos según el trabajo previo que hemos realizado con respecto a la personalidad, el lenguaje del amor y el lenguaje de las disculpas.
2. Evaluación de tus inclinaciones introvertidas/extrovertidas y pensantes/sensibles.
3. Evaluación de la inclinación introvertida/extrovertida y pensante/sensitiva de tu pareja/padre de tus hijos, así como de tus hijos.
4. Consideración de cómo podrías cambiar tu comunicación/comportamiento basándote en el aprendizaje de los rasgos de personalidad.
5. Práctica de un ejercicio de relajación.

PREGUNTAS FINALES DE LA SESIÓN

¿Qué te pareció nuevo, interesante y/o útil en esta lección?

____

¿Qué has aprendido sobre ti misma?

____

¿Qué aspectos de tu vida cambiarás como resultado de esta lección?

____

Hoja de trabajo para conocerme y conocer a otros

Fuente de Información	Yo	Cónyuge/Pareja	Hijos/As	Hijos/As	Hijos/As
Los cuatro perfiles de personalidad ***(Nutria, León, Castor, Golden Retriever)***					
Los cinco lenguajes de la disculpa (arrepentimiento, restitución, responsabilidad, perdón, arrepentimiento)					
Los cinco lenguajes del amor (palabras de afirmación, contacto físico/cercano, actos de servicio, tiempo de calidad, regalos)					
Introvertido/a-Extrovertido/a					
Lógico/a-Sentimental					
Pensador/a-Intuitivo/a					
Juzgador/a-Perceptivo/a					

Cuestionario para conocerme y conocer a otros

Enumera cinco adjetivos que usarías para describirte:

1.
2.
3.
4.
5.

Enumera cinco adjetivos que usarías para describir a tu pareja (o padre de tus hijos/as):

1.
2.
3.
4.
5.

¿De qué manera tú y tu pareja (o padre de tus hijos) son SIMILARES (parecidos)?

___

___

___

¿De qué manera tú y tu pareja (o padre de tus hijos) son DIFERENTES (opuestos)?

___

___

___

Evaluación Introvertido/a-Extrovertido/a

Contesta a cada pregunta como Verdadero o Falso, eligiendo la respuesta que se ajuste más a ti de manera frecuente.

_________ 1. Prefiero las conversaciones individuales a las actividades grupales.
_________ 2. A menudo prefiero expresarme por escrito.
_________ 3. Disfruto de la soledad.
_________ 4. Parece que la riqueza, la fama y el estatus me importan menos que a mis compañeros/as.
_________ 5. Me disgusta la charla trivial, pero disfruto hablar en profundidad de los temas que me importan.
_________ 6. La gente me dice que sé escuchar.
_________ 7. No soy una persona que asuma grandes riesgos.
_________ 8. Me gusta el trabajo que me permite "sumergirme" con pocas interrupciones.
_________ 9. Me gusta celebrar los cumpleaños a pequeña escala, solo con uno o dos amigos o familiares cercanos.
_________ 10. La gente me describe como "de voz suave" o "melosa".
_________ 11. Prefiero no mostrar o hablar de mi trabajo con los demás hasta que esté terminado.
_________ 12. No me gustan los conflictos.
_________ 13. Trabajo mejor solo/a.
_________ 14. Suelo pensar antes de hablar.
_________ 15. Me siento agotado/a después de estar fuera de casa, aunque me lo haya pasado bien.
_________ 16. A menudo dejo que las llamadas pasen al buzón de voz.
_________ 17. Si tuviera que elegir, prefiero que una semana termine sin nada que hacer a que tenga demasiadas cosas programadas.
_________ 18. No me gusta la multitarea.
_________ 19. Me concentro fácilmente.
_________ 20. En lo que respecta a las clases, prefiero las conferencias a los seminarios.

Cuantas más veces hayas contestado Verdadero, probablemente seas más introvertido/a. Muchos Falsos sugieren que eres extrovertido/a. Si el número de Verdaderos y Falsos es más o menos el mismo, es posible que seas un "ambivertido/a" (sí, existe esa palabra).

Descripciones Introvertido/a-Extrovertido/a

"¿CÓMO ACUMULAR MI ENERGÍA PARA RESPONDER?"

Extrovertidos/as

Disfrutan de las situaciones sociales y trabajan mejor en proyectos de equipo que en soledad.

Obtienen energía al estar rodeados/as de gente.

Les gusta el ruido; suelen encender la televisión, aunque no la estén viendo.

Necesitan mantenerse ocupados/as y pueden aburrirse fácilmente cuando se les deja solos/as.

Piensan "en voz alta"; a menudo hablan primero sin pensar; tienden a pensar mejor cuando se escuchan a sí mismos/as hablar. Hacen una lluvia de ideas en voz alta para que todo el mundo la oiga.

En caso de conflicto, hablan más alto y más rápido y creen que si pueden decir una cosa más, todo irá bien.

Les gusta "brillar"; incluso si creen que han hecho un buen trabajo, necesitan oírlo de otra persona.

Introvertidos/as

Prefieren compartir su tiempo con una sola persona o con unos pocos amigos cercanos.

Se agotan al estar rodeados/as de gente; se llenan de energía cuando están solos/as. A menudo se les considera tímidos/as y reservados/as.

Saben escuchar y odian que les interrumpan cuando hablan. Prefieren escribir a hablar cuando se comunican con los demás.

Necesitan pensar bien las cosas antes de estar preparados/as para compartirlas. Pueden cerrarse cuando se les presiona para que den respuestas inmediatas y rápidas. Procesan la información de forma más profunda e introspectiva.

Mantienen grandes conversaciones internas, ¡incluyendo lo que ha dicho la otra persona! Pueden hacerlo con tanto realismo que creen que la conversación se produjo realmente.

Desconfían de los cumplidos, por lo que pueden ser reticentes a la hora de decírselos a los demás.

No les gustan los cambios bruscos. Prefieren ser silenciosos/as y reflexivos/as a la hora de tomar decisiones.

Translated and adapted from H. Norman Wright, "Extroverts-Introverts Descriptions," *A Curriculum Resource on How to Speak Your Spouse's Language*, trans. Carola Goldenberg.

Evaluación Lógico/ a-Sentimental

¿Cuál(es) de las siguientes afirmaciones te describe mejor? Marca con una X la afirmación que mejor te describa (con mayor frecuencia).

Mis decisiones se basan normalmente en consideraciones lógicas frente a la emoción.

No me preocupa si le agrado a la gente o no; lo importante es tener razón.

Normalmente doy mi opinión sincera, sin tener en cuenta cómo puede afectar a la otra persona.

Muchos me consideran demasiado estricto/a porque no dejo pasar los errores.

No siempre estoy al tanto de los últimos acontecimientos en mi círculo de amigos/as y conocidos/as.

Puedo soportar que alguien me critique o no gustarle a alguien.

A la hora de tomar decisiones, me preocupa más la equidad que si la decisión hará felices a los demás.

Me guío más por mi cerebro que por mis emociones.

Me gusta tomar decisiones difíciles.

No me gustan los estallidos emocionales, ni de mí ni de los demás.

Suma todas tus marcas X (Lógicos) Total ____________________

¿Cuál(es) de las siguientes afirmaciones te describen mejor?

La mayoría de las veces baso mis decisiones en mi instinto, no en la lógica.

A veces me extiendo demasiado para satisfacer las necesidades de los demás, aunque me cueste (tiempo/energía/dinero).

Intento no herir a los demás con mis palabras.

Tiendo a concentrarme más en los aspectos positivos de una persona y a no prestar mucha atención a sus debilidades.

Suelo recordar muy bien los nombres de las personas y la información que han compartido conmigo.

A veces los demás se aprovechan de mí y no tienen en cuenta mis propias necesidades.

Percibo rápidamente cuando se dice algo entre líneas.

Intento evitar las disputas porque llevarse bien es muy importante para mí.

Le presto atención a mis sentimientos.

Los sentimientos son importantes y siempre hay que mostrarlos.

Suma todas tus marcas X (Sentimentales) Total ____________________

La mayor puntuación entre estas dos pruebas indicará tu preferencia a la hora de tomar decisiones. Refleja cómo manejas tus emociones, aunque el rasgo realmente tiene muy poco que ver con tus emociones en sí. Trata de responder por tu pareja y/o tus hijos/as para determinar sus preferencias.

Descripciones Lógico/a-Sentimental

"¿CÓMO SE TOMAN LAS DECISIONES?"

Lógicos/as

Toman decisiones basadas en hechos, utilizando la lógica y el análisis, no los sentimientos.

A la hora de tomar decisiones, tienen más en cuenta la equidad que lo que hace feliz a la gente.

Pueden parecer insensibles, ya que suelen hablar sin rodeos y sin tacto ni preocupación por los sentimientos de los demás.

Disfrutan tomando decisiones difíciles y no pueden entender por qué es difícil para los demás.

Tienden a ser críticos/as cuando ven a su pareja, tendiendo a corregirla y refinarla.

Son reservados/as en la forma de mostrar el amor y pueden resultar impersonales.

Les convencen los argumentos racionales; disfrutan con el proceso de discutir o debatir por diversión.

Sentimentales

Toman decisiones basadas en sus sentimientos y son sensibles a los sentimientos de los demás.

Se sienten cómodos/as con sus emociones.

Tienden a excederse por el bien de los demás, incluso hasta el sacrificio.

Toman decisiones en función de cómo afectarán a otras personas.

Les gusta llevarse bien con la gente, valorando la armonía y la compasión.

Ven lo mejor de su pareja y no se guardan las expresiones de amor.

Translated and adapted from H. Norman Wright, "Thinker-Feeler Descriptions," *A Curriculum Resource on How to Speak Your Spouse's Language*, trans. Carola Goldenberg.

SESIÓN 41

GESTIÓN DE CONFLICTOS—CONOCIÉNDOME PARTE II

OBJETIVOS:

1. Identificación de tu preferencia de personalidad en cuanto a juzgador/perceptivo (J/P) y en cuanto a pensador/intuitivo (S/N).
2. Identificación de la preferencia de tu pareja en cuanto a J/P y S/N.
3. Identificación de qué estilo de resolución de conflictos utilizas con más frecuencia.
4. Consideración de las consecuencias del estilo de resolución de conflictos que has elegido.
5. Identificación de tres pasos que pondrás en práctica a la hora de resolver conflictos.
6. Práctica de un ejercicio de relajación.

PREGUNTAS FINALES DE LA SESIÓN

¿Qué te pareció nuevo, interesante y/o útil en esta lección?

___

¿Qué has aprendido sobre ti misma?

___

¿Qué aspectos de tu vida cambiarás como resultado de esta lección?

___

Evaluación Pensador/a o Intuitivo/a

¿Cuál(es) de las siguientes afirmaciones te describen mejor?

Marca con una X la afirmación que te describa (con más frecuencia).

__________ Cuando reúno información, busco los detalles, los hechos y lo que es seguro.
__________ Soy capaz de tomar decisiones rápidamente.
__________ Me centro más en los objetivos a corto plazo que son realistas.
__________ Soy capaz de considerar varias opciones y problemas al mismo tiempo.
__________ Quiero una respuesta concreta a mis preguntas, no estimaciones.
__________ Soy una persona que hace las cosas y "va a los hechos".
__________ Me frustra que la gente no ofrezca directrices o instrucciones claras.
__________ Me siento más seguro/a cuando las cosas son predecibles.
__________ No me gustan los cambios.
__________ Soy una persona de "resultados".

Suma todas tus marcas X (Pensador/a) Total ____________________

¿Cuál(es) de las siguientes afirmaciones te describen mejor?

__________ Me preocupan los problemas actuales de la vida real.
__________ Soy un/a pensador/a creativo/a.
__________ Prefiero aprender más sobre las personas que sobre los detalles de las tareas.
__________ Evito los detalles y me gusta hablar y pensar en términos generales.
__________ Prefiero menos normas y reglamentos; me gusta dejar las cosas abiertas al cambio.
__________ Considero el dinero como una oportunidad para hacer cosas, más que como una herramienta momentánea.
__________ A veces no comparto los detalles porque asumo que la otra persona ya los conoce.
__________ Creo que el tiempo es "relativo", no exacto.
__________ Me gusta considerar los "porqués" de algo, en lugar de aceptar las cosas al pie de la letra.
__________ Estoy orientado/a a las personas y me gusta ser útil.

Suma todas tus marcas X (Intuitivo/a) Total ____________________

La puntuación más alta entre estas dos pruebas indicará tu preferencia a la hora de recopilar información. Trata de responder por tu pareja y/o hijos/as y determina sus preferencias.

Descripciones Pensador/a o Intuitivo/a

"¿CÓMO SE TOMAN LAS DECISIONES?"

Pensadores

Prefieren que las respuestas sean concretas.

Son personas que van al grano: prefieren los hechos.

Se frustran cuando las instrucciones o directrices no son claras.

Tienden a centrarse en el "ahora", sin mirar el panorama general (el árbol, no el bosque).

Ven el dinero como una herramienta que hay que utilizar.

Se sienten seguros/as cuando las relaciones son predecibles; los cambios les desequilibran.

Son hacedores.

Tienden a hablar con frases completas: terminan su idea con un punto final.

Intuitivos

No se toman las cosas al pie de la letra; buscan el significado/las posibilidades subyacentes.

Pueden ser percibidos/as como despistados/as porque se centran en varias cosas a la vez.

Se preguntan "por qué" es así.

Son personas creativas.

Pueden ser vistos/as como inquietos/as o descontentos/as.

Tienden a centrarse en el futuro, no en el aquí y ahora; ven el bosque más que los árboles individuales.

Consideran que cuadrar sus finanzas es una tarea, y prefieren especular sobre cómo gastar su dinero.

Tienden a ver las relaciones de forma optimista, a veces incluso poco realista.

Tienden a pintar el panorama general, omitiendo detalles que suponen que la otra persona conoce; ¡terminan sus frases con un guion tentativo!

Translated and adapted from H. Norman Wright, "Sensors-Intuitives Descriptions," *A Curriculum Resource on How to Speak Your Spouse's Language*; trans. Carola Goldenberg.

Evaluación Juzgador/ a o Perceptivo/a

¿Cuál(es) de las siguientes afirmaciones te describen mejor?

Marca con una X las afirmaciones que mejor te describan (con más frecuencia).

_________ Me gusta aceptar las cosas como vienen.
_________ No tengo problemas para hacer varias cosas a la vez.
_________ Me resulta difícil ser puntual y a menudo llego tarde.
_________ Creo que el objetivo del dinero es gastarlo y aprovechar al máximo la vida.
_________ A menudo tengo problemas para tomar decisiones porque me gusta mantener todas las posibilidades abiertas, lo cual me dificulta comprometerme.
_________ La espontaneidad y la flexibilidad son más importantes que las normas y los reglamentos.
_________ A menudo no hago las cosas hasta el último momento.
_________ No tengo ni idea de lo que va a pasar al final de la sesión, pero seguro que algo aparece.
_________ Tengo la terrible costumbre de aplazar las cosas, sobre todo las desagradables.

Suma todas tus marcas X (Perceptivo/a) Total ____________________

¿Cuál(es) de las siguientes afirmaciones te describen mejor?

_________ Prefiero planificar todo por adelantado, y hacer una lista me ayuda.
_________ No me gustan las interrupciones ni las sorpresas, ya que son innecesarias.
_________ Normalmente soy puntual y fiable; no me gusta que los demás no sean puntuales.
_________ Primero tengo que hacer mi trabajo y luego puedo jugar.
_________ Prefiero que todo esté en su sitio.
_________ Me gusta tomar decisiones rápidas y claras, y espero lo mismo de los demás.
_________ Necesito orden y estructura, y me pone de los nervios que la gente no se atenga a lo acordado.
_________ Planifico mi trabajo con cuidado para que no haya prisas al final.
_________ Ya sé exactamente lo que voy a hacer al final de la sesión.
_________ La mayoría de las veces hago primero las cosas que no me gustan para dejarlas atrás.

Suma todas tus marcas X (Juzgador/a) Total ____________________

La mayor puntuación entre estas dos pruebas indicará tu preferencia a la hora de estructurar tu vida. Trata de responder por tu pareja y/o tus hijos/as y determina sus preferencias.

Descripciones Juzgadores/ Perceptivos

"¿CÓMO LES GUSTA VIVIR SU VIDA?"

Juzgadores

Quieren seguridad.

Son conscientes del tiempo y los horarios.

Son personas que llevan una lista, y suelen terminar los proyectos antes de que se cumplan los plazos.

Su lema es "Primero trabaja y luego juega".

Consideran que las interrupciones y las sorpresas son totalmente innecesarias.

Consideran el dinero como algo que proporciona seguridad.

Pueden ser vistos/as como cerrados/as de mente, testarudos/as y obstinados/as.

Perceptivos

Quieren libertad para ver qué puede surgir que les interese más.

Experimentan cierta tensión al considerar el compromiso.

Les encanta la aventura; la planificación NO es para ellos/as.

Suelen llegar tarde porque creen que pueden hacer "unas cuantas tareas" antes de irse.

Su capacidad de atención es muy flexible.

Consideran el dinero como un medio para sacarle el máximo partido a la vida: ¡gastarlo!

Pueden ser vistos/as como escamosos, poco solidarios/as o indecisos/as.

Translated and adapted from H. Norman Wright, "Judgers-Perceivers Descriptions," *A Curriculum Resource on How to Speak Your Spouse's Language*; trans. Carola Goldenberg.

Diagrama de los cinco estilos de conflicto

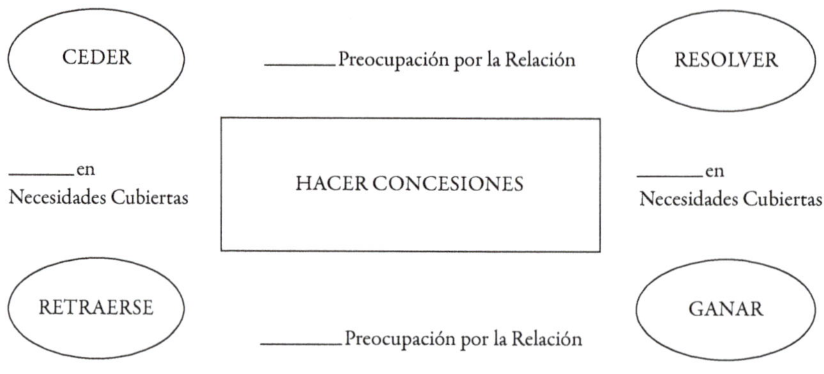

FIGURA 41.1

Los cinco estilos de gestión de conflictos

I. Retraerse

1. Pensamiento
    a. Va a ocurrir independientemente de lo que haga, y no hay mucho que pueda hacer para controlarlo, así que normalmente no me molesto en intentarlo.
2. Acción
    a. Retirarse de la habitación o situación. (física)
    b. No hablar, ignorar. (psicológica)
3. Propósito
    a. Proteger ______________.
4. Resultado
    a. La relación se ve obstaculizada para crecer y desarrollarse.

II. Ganar

1. Pensamiento
    a. Tengo que cuidarme y ______________ intereses.
    b. Estoy bajo amenaza o ataque—Tengo que ganar a ______________ costo.
2. Acción
    a. Atacar las vulnerabilidades de la otra persona.
    b. Utilizar los rencores guardados o las viejas emociones y heridas para "cobrárselas" en el momento oportuno.
3. Propósito
    a. Evitar ______________
    b. Mejorar mi propia autoestima y sentirme mejor sobre mí mismo/a.
4. Resultado
    a. Puedes ganar la batalla, pero perder la guerra—una victoria vacía.

III. Ceder

1. Pensamiento
    a. No quiero arriesgarme a una confrontación.
    b. Me comportaré de manera socialmente aceptable.
2. Acción
    a. Sucumbir, independientemente de mis deseos o necesidades.
    b. Controlar a la otra persona dejándo que sea el mártir.
3. Propósito
    a. Evitar tener que compartir, confrontar, o hacerme valer.
    b. Lucir como el/la que se sacrifica.
4. Resultado
    a. ______________ suprimido que puede generar resentimiento.
    b. Puede crear ______________ en mi pareja.

IV. Hacer concesiones

1. Pensamiento
    a. Si cedo un poco, recibiré un poco a cambio.
    b. Es importante no ganar "todo" el tiempo.
2. Acción
    a. Retroceder en algunas de mis ideas o demandas.
    b. Concesiones de _____________ lados.
3. Propósito
    a. Intentar salvar la relación y conseguir satisfacer algunas de mis necesidades.
    b. Ser capaz de llevarse bien y no estar en desacuerdo.
4. Resultado
    a. Puede haber una sensación de malestar tras el acuerdo.
    b. Algunos valores pueden verse comprometidos.

V. Resolver/Reconciliar

1. Pensamiento
    a. Puede tomar más tiempo, pero el resultado final vale la inversión.
2. Acción
    a. Comunicación abierta y directa.
    b. Disposición a dedicar el tiempo suficiente para trabajar en las diferencias.
    c. Implica escuchar y aceptar más información/ideas.
3. Propósito
    a. Lograr una solución en la que todos salgan ganando y una mejor comprensión de los demás y de sus necesidades/deseos.
4. Resultado
    a. Algunos deseos e ideas originales han cambiado, pero estamos satisfechos/as con la solución alcanzada.
    b. La relación se refuerza: las necesidades se satisfacen en _____________ lados.

MODELO DE RESOLUCIÓN DE CONFLICTOS: 6 PASOS PARA LA CREACIÓN DE SOLUCIONES

1. En lugar de exigir que me escuchen, escucharé atentamente a la otra persona.
2. Ofreceré el tiempo adecuado para AMBOS.
3. Definiré el problema en mi mente y tendré en cuenta la forma en que la otra persona podría estar viendo el problema. Practicaré escribir exactamente lo que estoy tratando de resolver para poder comunicárselo a la otra persona.
4. Definiré en qué áreas estamos de acuerdo y en cuáles no. Compartiré esto con la otra persona para ver si está de acuerdo con mi evaluación. Escucharé con respeto su respuesta.
5. Identificaré mi propia contribución al problema. Puedo cambiar lo que he asumido como responsabilidad personal en el problema.
6. Compartiré los comportamientos que puedo cambiar para mejorar la situación.
7. Le preguntaré a la otra persona sus pensamientos, sentimientos y sugerencias.
8. Evitaré ponerme a la defensiva y me propondré buscar una solución.

CRÉDITO

SESIÓN 42

GESTIÓN DE CONFLICTOS—¿CUÁL ES MI ESTILO?

OBJETIVOS:

1. Identificación de las expectativas implícitas y el estilo de conflicto de cada personaje del video.
2. Diseño de un escenario alternativo para el conflicto de los personajes utilizando la hoja de trabajo para la resolución de conflictos (sesión 34) y la hoja de trabajo para el comportamiento en el amor (sesión 19).
3. Evaluación del conflicto desde la perspectiva de otra persona.
4. Evaluación de cómo pones en práctica las conductas amorosas en tus relaciones.
5. Práctica de una técnica de relajación.

PREGUNTAS FINALES DE LA SESIÓN

¿Qué te pareció nuevo, interesante y/o útil en esta lección?

___

¿Qué has aprendido sobre ti misma?

___

¿Qué aspectos de tu vida cambiarás como resultado de esta lección?

___

Análisis de la relación

Cuestionario audiovisual

LA RUPTURA

1. ¿Cómo lidia Gary con las preocupaciones de Brooke con respecto a los limones?
2. ¿Cómo lidia Gary con su petición de ayudarla con la cena familiar?
3. ¿Qué estilo de conflicto parece utilizar Gary? (ceder/retirarse/llegar a un compromiso/ganar/resolver)
4. Después de la cena, ¿cómo manejan Brooke y Gary el tema del lavado de los platos?
5. Identifica las expectativas que crees que Brooke tenía sobre la relación.
6. Identifica las expectativas que crees que Gary tenía sobre la relación.
7. ¿Qué cuestiones "pasadas" surgen durante la discusión que no forman parte del asunto inmediato?
    a. ¿Para Brooke?
    b. ¿Para Gary?
8. ¿Cómo se siente Brooke con respecto al comportamiento de Gary? ¿Qué quiere ella?
9. ¿Cómo se siente Gary con respecto al comportamientos de Brooke? ¿Qué quiere él?
10. ¿Qué estrategias podrían haber utilizado para resolver la discusión y restablecer la relación? ¿Qué podrían haber hecho de forma diferente?

SESIÓN 43

LOS PROBLEMAS DE APEGO

OBJETIVOS:

1. Identificación de los cuatro estilos de apego.
2. Distinción entre el apego seguro e inseguro.
3. Identificación de tres cambios de conducta/creencias que pueden efectuarse para evolucionar hacia un apego más seguro.
4. Aprendizaje de dos comportamientos saludables que pueden efectuarse para reducir los problemas de apego con tu pareja.
5. Práctica de un ejercicio de relajación.

PREGUNTAS FINALES DE LA SESIÓN

¿Qué te pareció nuevo, interesante y/o útil en esta lección?

____

¿Qué has aprendido sobre ti misma?

____

¿Qué aspectos de tu vida cambiarás como resultado de esta lección?

____

"Nuestro estilo de apego es el "modelo original" de cómo percibimos, conectamos y nos relacionamos con los demás y con el mundo que nos rodea, y, por lo general, influye en nuestras relaciones adultas de forma inconsciente. Como resultado, muchos de nuestros "desencadenantes" o reacciones tienen sus raíces en este modelo relacional".

Dra. Diane Poole Heller

Los cuatro estilos de apego

Rellena los espacios en blanco correspondientes a los siguientes estilos de apego:

I. Seguro
   a. Tus necesidades fueron totalmente satisfechas a temprana edad, así que crees que:
      i. Las personas son ________________ y dignas de confianza;
      ii. Te sientes digno de ________________

II. Despectivo/Evitativo
   a. Hubo una crianza negligente desde la infancia, por lo que ves ________________ negativamente, pero a ti mismo positivamente, por lo que crees:
      i. No puedes ________________ en las personas;
      ii. Puedes confiar ________________ en ti mismo/a.

III. Ansioso (Preocupado) / Ambivalente
   a. Tus necesidades no siempre fueron satisfechas en el hogar donde creciste, por lo que es posible que:
      i. ________________ amar.
      ii. ________________ lo que vales.

IV. Desorganizado
   a. Hubo un entorno familiar abusivo, traumático y caótico, por lo que puedes estar extremadamente traumatizado a nivel emocional. El resultado es:
      i. Puedes estar emocionalmente ________________.
      ii. Puedes tener ________________ sensación de seguridad o protección.
      iii. Puedes creer que las relaciones ________________.

¿Cómo te identificas según esta descripción de los estilos de apego?

____

Al pensar en el estilo de apego de tus padres, ¿cómo te influyó?

____

____

¿Con qué estilo crees que se criaron tus padres?

____

____

Cómo tu estilo de apego condiciona tu vida

I. **Tus relaciones:** Al ser capaz de formar y mantener relaciones significativas; es propio de la naturaleza humana buscar lo familiar, aunque sea negativo, porque familiar = ________________.

Esta sección puede ser válida para TODO tipo de relaciones (íntimas, de amistad, laborales, etc.)

a. Si es EVITATIVA
    i. Dificultad con el compromiso a largo plazo debido a fuertes temores de abandono.
        1. Mantienen a sus parejas ________________.
b. Si es ANSIOSA
    i. Desesperados por amor e intimidad por lo que mantienen ________________ a sus parejas.
        1. Son dependientes e inseguros, por lo que pueden ________________ otros y volverse celosos y controladores.

¿Te ves reflejada en esta descripción?

____

____

I. **Tus parejas:** Tendemos a buscar a aquellos que se parecen a nuestros padres sin importar que tan ________________ sea la relación.

a. Si es EVITATIVA
    i. Gravita hacia personas que son ________________, emocionalmente no disponibles o negligentes con ________________ necesidades.
b. Si es ANSIOSA
    i. Es probable que persiga a aquellos que son ________________ con su afecto para sentir que está poniendo el 100% del esfuerzo necesario para ________________ la relación.
c. Si es ANSIOSA-EVITATIVA (DESORGANIZADA)
    i. Más propenso a ________________ en una relación abusiva.

¿Te ves reflejada en esta descripción?

____

____

¿Dónde ves a tu pareja?

____

____

¿Son parecidos o diferentes? ¿Tu pareja es "espejo" de alguno de tus padres?

____

____

LOS PRÓXIMOS PASOS

¿Qué hacemos con toda esta información?

Reconociendo nuestras necesidades

- Siendo ________________ de nuestras emociones y ________________.
- Regulación emocional: ¿Puedo controlar ________________?
- Siendo capaces de autorreflexionar: ¿Qué estoy sintiendo? ¿Qué necesito?
- Reconociendo que ________________ (para NADIE) las relaciones son "perfectas": ¿Cómo puedo reducir las expectativas que tengo de mí mismo y también de mi pareja?
- ¿Puedo tomarme una pausa y ________________ discutir el problema (no ignorarlo)?
- ¿He mejorado mis capacidades y habilidades de comunicación?
- ¿Estoy trabajando en mis traumas infantiles para que no ________________ mis relaciones ________________?

Reconociendo las necesidades de nuestra pareja

- ¿Estoy comunicando lo que necesito en el momento ________________ culpar a mi pareja?
- ¿Le doy a mi pareja un poco de "cortesía" y no la hago responsable de mis sentimientos?
- ¿Soy sensible a los "problemas" de mi pareja, como el abandono, y no desencadeno su factor ________________?
- ¿Le pregunto a mi pareja cómo está y tengo en cuenta ________________ sentimientos durante el conflicto?
- ¿Estoy respetando los límites ________________ y no espero que mi pareja me "rescate" o que satisfaga mis necesidades como ________________ de su amor por mí?

SESIÓN 44

GRUPO DE PROCESOS—¿CÓMO HAS CAMBIADO?

OBJETIVOS:

1. Identificación de qué nueva habilidad o información has aprendido hasta ahora.
2. Reconocimiento de lo que has aprendido sobre ti misma.
3. Identificación de lo que has aprendido sobre las relaciones.
4. Práctica de una técnica de relajación.

PREGUNTAS FINALES DE LA SESIÓN

¿Qué te pareció nuevo, interesante y/o útil en esta lección?

____

¿Qué has aprendido sobre ti misma?

____

¿Qué aspectos de tu vida cambiarás como resultado de esta lección?

____

Formulario de evaluación del progreso—Fase V

COPIA PARA EL ESTUDIANTE

Nombre ______________________ **Fecha** ____________

Grupo y sesión ______________________ **Total de sesiones hasta la fecha** ____________

Nivel de participación: En una escala del 1 al 5, califícate en las siguientes cuestiones, siendo 1 la puntuación más baja y 5 la más alta. Las preguntas miden lo que haces con más frecuencia.

Comparto información personal con el grupo/facilitador sobre mis pensamientos, sentimientos, comportamientos, éxitos y/o desafíos mientras trabajo en este programa.	**1**	**2**	**3**	**4**	**5**
Veo mejoras en esta área:	**Sí**	**No**	**No estoy segura**		
Estoy abierta a recibir comentarios de mis compañeras y/o del facilitador sin ponerme a la defensiva o retraerme.	**1**	**2**	**3**	**4**	**5**
Veo mejoras en esta área:	**Sí**	**No**	**No estoy segura**		
Soy capaz de dar una crítica constructiva a mis compañeras y/o al facilitador sin ser agresiva o grosera.	**1**	**2**	**3**	**4**	**5**
Veo mejoras en esta área:	**Sí**	**No**	**No estoy segura**		
Completo los deberes para el hogar.	**1**	**2**	**3**	**4**	**5**
Veo mejoras en esta área:	**Sí**	**No**	**No estoy segura**		
Asumo la responsabilidad de mi violencia y estoy dispuesta a comunicárselo al grupo cuando sea necesario.	**1**	**2**	**3**	**4**	**5**
Veo mejoras en esta área:	**Sí**	**No**	**No estoy segura**		

Soy capaz de ver las situaciones desde el punto de vista de mi pareja y/o familiares cuando no estamos de acuerdo (empatía).	**1**	**2**	**3**	**4**	**5**
Veo mejoras en esta área:	**Sí**	**No**	**No estoy segura**		
Soy capaz de reconocer mis sentimientos, pensamientos y necesidades emocionales (autoconciencia).	**1**	**2**	**3**	**4**	**5**
Veo mejoras en esta área:	**Sí**	**No**	**No estoy segura**		
Soy capaz de compartir mis necesidades y sentimientos con mi pareja y con los demás de forma positiva (asertividad).	**1**	**2**	**3**	**4**	**5**
Veo mejoras en esta área:	**Sí**	**No**	**No estoy segura**		

Con respecto a mis relaciones/crecimiento personal, siento que he mejorado:

____

____

Todavía se me dificulta y necesito mejorar en esta área:

____

FASE VI

SESIONES 45–52

ELIGIENDO LAS CONEXIONES

SESIÓN 45

LAS ESTRATEGIAS DE CRIANZA SALUDABLE

OBJETIVOS:

1. Identificación de cinco formas de potenciar las cualidades de nuestros hijos.
2. Evaluación de nuestras conductas parentales desde la perspectiva de los estilos de apego.
3. Distinción entre la disciplina y el castigo.
4. Aprendizaje de conductas de reemplazo para criar a nuestros hijos.
5. Práctica de un ejercicio de relajación.

PREGUNTAS FINALES DE LA SESIÓN

¿Qué te pareció nuevo, interesante y/o útil en esta lección?

____

¿Qué has aprendido sobre ti misma?

____

¿Qué aspectos de tu vida cambiarás como resultado de esta lección?

____

Los estilos de crianza

CUESTIONARIO AUDIOVISUAL

Mira el video sobre los estilos de apego (de la sesión 43) para saber cómo desempeñamos nuestra función de padres. Rellena los espacios en blanco de los siguientes estilos de apego parentales:

Tu estilo de crianza: resulta difícil superar las cicatrices psicológicas de una dinámica familiar disfuncional (¡pero NO es imposible!).

- Si es EVITATIVA
  i. Puede que seas una madre o un padre emocionalmente distante que ________________ sabe cómo satisfacer las necesidades de cercanía y consuelo de tu hijo.
  ii. Puede que te enfoques demasiado en la independencia y la autosuficiencia, enseñando que ________________ se puede esperar que las personas estén ahí para ti todo el tiempo.
- Si es ANSIOSA
  i. Puede que seas controladora, estricta y dominante.

¿Dónde te ves reflejada tú y/o los patrones de tus padres?

____

____

Los siguientes métodos de crianza se basan en diversas investigaciones:

1. Autoritario
   - Enseñanza principal: "Porque yo lo digo".
   - Tiende a ser: Restrictivo; ________________ y agobiante;
   - Resultados: el niño ________________ para evitar el castigo; tiende a ________________ competente socialmente; tiene ________________ autoestima; puede sufrir depresión; puede aprender a ________________ para escapar del castigo.
   - Los efectos a largo plazo: el niño tiende a ________________ la resolución de conflictos en etapas posteriores de su vida; puede ________________ a los valores de sus padres en la adolescencia o en la juventud; puede ________________ de sustancias o suicidarse.
2. Permisivo
   - Enseñanza principal: "Seamos ________________".
   - Tiende a ser: Indulgente, pocas o ninguna expectativa de comportamientos apropiados; tiende más al castigo con carga emocional ________________ disciplina consecuente.

- Resultados: el niño puede tener problemas académicos; ______________________ para cumplir los compromisos; ______________________ relaciones con los compañeros; ______________________ autoestima; mayor probabilidad de consumo de alcohol entre menores.
- Efectos a largo plazo: puede tener problemas de obesidad o de salud debido a ______________________ de autocontrol; dificultad para regular las emociones;

3. Falta de compromiso
   - Enseñanza principal: "Estás en tu ______________________".
   - Tiende a ser: Negligente con las necesidades del niño; puede tener problemas de salud mental o de abuso de sustancias que sobrepasan las responsabilidades parentales; el castigo o la disciplina son casi inexistentes (el niño se cría a sí mismo).
   - Resultados: el niño tiene problemas de autoestima; dificultades académicas; problemas de comportamiento, incluida la delincuencia; sentimientos de miedo, ansiedad o estrés.
   - Efectos a largo plazo: ______________________ relaciones adultas.
4. Con autoridad
   - Enseñanza principal: "Hablemos de ello".
   - Tiende a ser: Considerado con los sentimientos del niño, pero establece ______________________ reglas y directrices; disciplina consecuente.
   - Resultados: el niño tiene ______________________ relaciones con sus compañeros; es autodeterminado; respetuoso con los demás; ______________________ se autorregula.
   - Efectos a largo plazo: es probable que el niño tome buenas decisiones en el futuro; es probable que tome ______________________ decisiones responsables; es capaz de expresar cómodamente sus opiniones y sentimientos.

Al repasar estos estilos de crianza, ¿cuáles crees que describen a tus padres? (no es raro que cada padre tenga un estilo diferente)

____

____

¿Ves algún punto en común entre los estilos de apego y los métodos de crianza?

____

____

Según el estilo de tus padres, ¿tu experiencia fue similar a los resultados/efectos a largo plazo descritos?

____

En caso negativo, ¿qué cree que contribuyó a marcar la diferencia?

____

____

En cuanto a tu propio estilo de crianza, ¿cuál te describe con más frecuencia?

____

Cuestionario audiovisual

Mira el video sobre los estilos de apego para saber cómo interactuamos con nuestros amigos. ¿Cómo te ves a ti misma y/o a tus hijos con sus amigos? Rellena los espacios en blanco correspondientes a los siguientes estilos de apego parentales:

1. Tus amistades
   a. Si es SEGURO
      i. Tienden a ser más amistosos y extrovertidos. Hacer amigos es ____________________ para ellos.
   b. Si es EVITATIVO
      i. Tienden a jugar solos y ____________________ se relacionan mucho con sus amigos o familia.
   c. Si es ANSIOSO
      i. Tienden a volverse ____________________ sensibles al rechazo y crecen siendo complacientes con los demás. Se conforman para recibir aprobación social y popularidad.

¿Hay algún cambio que podrías adoptar en tu método/estilo de crianza que sería beneficioso para tus hijos?

____

____

Empareja las siguientes palabras con la columna correcta:

Corregir y educar	Castigar	Amor	Ira	Miedo
Seguridad	Orientado al futuro / redención	Pasado / reactivo		

	Disciplina	**vs**	**Castigo**
Objetivo	____________________		____________________
Enfoque	____________________		____________________
Motivación	____________________		____________________
Resultado	____________________		____________________

Los principios de la crianza positiva

¿REGLAS O SUGERENCIAS?

1. Los niños necesitan estructura y directrices claras. Necesitan saber
   - ______________________ que hacer.
   - ______________________ que deben hacer.
   - ______________________ para hacerlo.
2. Utilizando el ejemplo de "limpiar tu habitación", estas son las instrucciones:
   - ________________ ¿Entienden lo que quieres decir con "habitación limpia"?
   - ________________ ¿Cómo saben los dos que la tarea se ha completado correctamente?
   - ________________ ¿El niño tiene la destreza, los conocimientos y la capacidad física adecuados para completar la tarea?
   - ________________ ¿Esta orden es razonable teniendo en cuenta las circunstancias y los recursos?
   - ________________ ¿Has asignado el tiempo suficiente para que la tarea se complete satisfactoriamente?

¿CUMPLIMIENTO? ¿ES COHERENTE?

1. ¿El niño tiene ________________ y responsabilidad de hacer lo que se le dice o lo que le ha prometido? ¿Tienes fama de hacer cumplir las órdenes o el niño ha aprendido que puede agotarte y salirse con la suya?
   - Si el cumplimiento ha sido un problema en el pasado, es posible que tengas que ser más coherente y "cumplir" con las consecuencias del incumplimiento para que el niño confíe en que tu palabra es lo que cuenta.
   - La coherencia comunica ________________.

ATRÁPALOS "HACIENDO LO CORRECTO"

1. ¿Refuerzas el comportamiento positivo? ¿Los "encuentras haciendo lo correcto"? A veces caemos en el patrón de corregir solo lo malo, los errores, y olvidamos que el refuerzo positivo puede tener ________________ poder que el negativo.

LA RUEDA DE LA CRIANZA INFANTIL

Resalta lo que haces actualmente con tus hijos.

Elige dos comportamientos que vayas a poner en práctica esta semana:

1. ____
2. ____

SESIÓN 46

GESTIÓN DE CONFLICTOS—LA ESCUCHA ACTIVA

OBJETIVOS:

1. Identificación de una o dos barreras de comunicación que utilizamos actualmente.
2. Aprendizaje de una a tres técnicas de comunicación activa.
3. Práctica de técnicas de comunicación activa.
4. Práctica de un ejercicio de relajación.

PREGUNTAS FINALES DE LA SESIÓN

¿Qué te pareció nuevo, interesante y/o útil en esta lección?

____

¿Qué has aprendido sobre ti misma?

____

¿Qué aspectos de tu vida cambiarás como resultado de esta lección?

____

Las siete barreras de la comunicación

Barreras para la Comunicación	Palabras Claves	Descripción	Frases Comunes
El/La General	Ordenar Dirigir Comandar	Decirle a otra persona que haga algo, darle una orden.	"Debes ... " "Tienes que ... " "Vas a ... "
El/La Director/a	Advertir Amenazar	Decirle a otra persona qué consecuencias tendrá si no hace lo que tú quieres que haga.	"Si no ... " "Mejor que lo hagas, si no ... "
El/La Consejero/a	Moralizar Predicar Aconsejar (sabelotodo)	Darles soluciones o sugerencias a otros porque piensa que sabe todo. Decirle a la otra persona cómo solucionar un problema, darle consejos o sugerencias, aportar respuestas o soluciones (cuando NO LOS PIDIERON).	"Deberías ... " "Debes ... "

Barreras para la Comunicación	Palabras Claves	Descripción	Frases Comunes
El/La Maestro/a	Enseñar Dar cátedra Dar argumentos "lógicos"	Tratar de influenciar a otra persona con hechos, contraargumentos, lógica, información, o tus propias opiniones.	"En esto te equivocas ... " "Lo que yo haría es ... " "Sería mejor que ... "
El/La Juez/a	Juzgar Criticar Culpar Etiquetar Establecer estereotipos Insultar	Juzgar o evaluar negativamente a la otra persona, de modo que se pierda lo que realmente está tratando de decir, colocándola en una categoría, generalmente negativa (por ejemplo, "¡Nunca va a cambiar!")	"Eres discutidor/a ... vago/a ... un/a #*#@%^!!" Usar palabras como "siempre", "nunca" "Eres ... emotivo/a ... no razonas ... "
El/La Psicólogo/a	Interpretar Analizar Diagnosticar	Decirle a la otra persona cuáles son sus motivos, o analizar lo que dice o hace sin escucharla. Comunicar que los tienes "analziados"	"Solo estás tratando de llamar la atención ... " "Lo que necesitas es ... o lo que necesitas hacer es ... "
El/La Interrogador/a	Indagar Preguntar Interrogar Repreguntar	Tratar de encontrar razones, motivos y/o causas para su comunicación o acciones, en lugar de centrarse en lo que la otra persona quiere decir. "Dirigir" el curso de la conversación para "atraparlos" en declaraciones o comportamientos incoherentes.	"¿Cuándo?" "¿Cómo?" "¿Qué?" "¿Dónde?" "¿Quién?"

Técnicas de escucha activa

1. **Aclarar:** tratar de entender el verdadero significado e intención de lo que se dice; "sacar de la confusión", "hacerlo comprensible".

   "Creo que quieres decir que ... —¿te escuché correctamente?"

2. **Observar:** prestarle atención al lenguaje corporal, las pistas no verbales y la voz del interlocutor.

   "Veo que te pones tenso/a cuando me hablas de tu compañero/a de trabajo".

3. **Hacer preguntas abiertas:** preguntas que animan al interlocutor a compartir más información. Pregunta cerrada: solo puede responderse con un sí o un no. "¿Puede contarme más sobre ... ?"

4. **Resumir:** reproducir brevemente lo que el/la orador/a ha dicho. A veces se hace para "aclarar" la discusión cuando se ha dado mucha información no relacionada. Puede hacerse para cerrar la conversación.

   "ENTONCES, entiendo que te gustaría que hiciera lo siguiente ... antes de que termine la sesión, ¿verdad?"

5. **Alentar mínimamente:** son cosas que hacemos para que el interlocutor sepa que le estamos escuchando. Pueden ser verbales o no verbales.

   Verbales: "Ya veo ... "; "ajá ... ajá ... ".

   No verbales: mantener contacto visual con el orador.

6. **Reflejar:** (*Reconocer el estado emocional*)— una afirmación que intenta captar los sentimientos expresados por el orador, al mismo tiempo que revela el mensaje. Demuestra la comprensión del estado del hablante, aunque no se haya expresado el sentimiento real.

   "Te veías (triste, contento/a, feliz, enojado/a, etc.) mientras compartías la historia".

Hoja de resultados para no jugar

______ Pregunta cerrada (Si aclara)
______ Aclaración
______ Pregunta abierta
______ Resumen
______ Observación
(elige una de las siguientes)
______ tono de voz
______ lenguaje corporal
______ sentimientos
______ *Alentar mínimamente

(*a evaluar por el lector)
Nombre del hablante:
____

Hoja de resultados para no jugar

______ Pregunta cerrada (Si aclara)
______ Aclaración
______ Pregunta abierta
______ Resumen
______ Observación
(elige una de las siguientes)
______ tono de voz
______ lenguaje corporal
______ sentimientos
______ *Alentar mínimamente

(*a evaluar por el lector)
Nombre del hablante:
____

Hoja de resultados para no jugar

______ Pregunta cerrada (Si aclara)
______ Aclaración
______ Pregunta abierta
______ Resumen
______ Observación
(elige una de las siguientes)
______ tono de voz
______ lenguaje corporal
______ sentimientos
______ *Alentar mínimamente

(*a evaluar por el lector)
Nombre del hablante:
____

Hoja de resultados para no jugar

______ Pregunta cerrada (Si aclara)
______ Aclaración
______ Pregunta abierta
______ Resumen
______ Observación
(elige una de las siguientes)
______ tono de voz
______ lenguaje corporal
______ sentimientos
______ *Alentar mínimamente

(*a evaluar por el lector)
Nombre del hablante:
____

CRÉDITOS

SESIÓN 47

EL ESTABLECIMIENTO DE LÍMITES—LA FIJACIÓN DE OBJETIVOS

OBJETIVOS:

1. Identificación de uno o dos sentimientos que te han impedido establecer límites saludables.
2. Reconocimiento de la diferencia entre un "sí" cariñoso y un "sí" egoísta.
3. Reconocimiento de la diferencia entre un "no" cariñoso y un "no" egoísta.
4. Aplicación de los principios SMART para establecer objetivos personales saludables y comunicarlos con los demás.
5. Práctica de un ejercicio de relajación.

PREGUNTAS FINALES DE LA SESIÓN

¿Qué te pareció nuevo, interesante y/o útil en esta lección?

____

¿Qué has aprendido sobre ti misma?

____

¿Qué aspectos de tu vida cambiarás como resultado de esta lección?

____

Estableciendo límites saludables

CUESTIONARIO AUDIOVISUAL

1. El orador enumera algunas de las personas con las que debemos establecer límites: hijos, jefes, empleados, las personas más cercanas a nosotros. ¿A quién más incluirías en esta lista?

2. Un obstáculo para que las personas establezcan límites saludables es la creencia de que "establecer límites = ser egoístas". Confundimos decir "sí" con ser amable y decir "no" con ser descortés. ¿Te ha pasado eso o tienes esa creencia?

3. El orador dice que el problema no es si decimos "sí" o "no", sino nuestra intención: ¿es cariñosa o egoísta? ¿Con cuál de estos ejemplos te identificas?

   a. _______________ Cariñoso-SÍ

   "Me detendré a escucharte porque eres importante para mí".

   b. _______________ Egoísta-SÍ

   "Claro, vete a ver la tele porque no quiero tratar contigo".

   c. _______________ Cariñoso-NO

   "No puedes salir a jugar hasta que no hayas terminado los deberes".

   d. _______________ Egoísta-NO

   "¡Deja de molestarme! Nunca demuestras responsabilidad".

El comportamiento cariñoso está motivado por lo que es mejor para la otra persona.

El comportamiento egoísta está motivado por lo que es mejor para mí, independientemente de lo que necesite la otra persona.

4. ¿Alguna vez has dicho "sí" por miedo o porque te sentías demasiado culpable para decir "no"? ¿Has dicho "sí" cuando en realidad querías decir "no"? ¿Cómo resultó? ¿Alguna vez has cedido a la demanda de alguien, pero lo has hecho sentirse culpable?

5. ¿En qué circunstancias o con quién te resulta difícil ser sincera y honesta? ¿Qué "sentimiento" intentas evitar?

La Máscara que Uso

Las máscaras ocultan una parte de nuestro rostro a los demás. Cuando nos ponemos una máscara para ocultar nuestras emociones, ya sea a nosotros mismos o a los demás, corremos el riesgo de sentirnos mal con nosotros mismos y no estamos honrando nuestro verdadero ser.

Este ejercicio examinará sentimientos específicos, y analizarás cuál crees que es la razón para enmascararlo y considerarás decirte o hacer otra cosa que sea un reflejo más honesto de quién eres en ese momento.

Se ofrecen algunas definiciones para describir estos sentimientos. Son una recopilación de varias fuentes.

Examina los siguientes sentimientos y describe si los "ocultas" o "enmascaras" y cómo lo haces:

Ejemplo: Tristeza—pongo una sonrisa y finjo que estoy bien.

La **TRISTEZA** es un dolor emocional asociado con, o caracterizado por, sentimientos de desventaja, pesar, pérdida, desesperación, pena, impotencia, decepción y tristeza.

Cuando siento **tristeza** ______________________________
porque *(¿qué te impide compartir honestamente o mostrar esta emoción?)* ____________
En vez de enmascarar/esconder esta emoción podría *(¿qué puedes decir o hacer diferente?)*
____

La **SOLEDAD** es una respuesta emocional al sentirse aislado de los demás; sentirse aislado incluso cuando se está con otras personas.

Cuando me siento solo ______________________________
porque *(¿qué te impide compartir honestamente o mostrar esta emoción?)* ____________
En vez de enmascarar/esconder esta emoción, podría *(¿qué puedes decir o hacer diferente?)*
____

La **FRUSTRACIÓN** es una respuesta emocional que surge de la resistencia percibida a lo que se desea; la sensación de que los problemas no se resuelven o los deseos no se cumplen; la insatisfacción.

Cuando siento frustración ______________________________
porque *(¿qué te impide compartir honestamente o mostrar esta emoción?)* ____________
En vez de enmascarar/esconder esta emoción, podría *(¿qué puedes decir o hacer diferente?)*
____

La **VERGÜENZA** es un estado emocional que se experimenta normalmente cuando se cree que se ha hecho o dicho algo socialmente inaceptable; sentirse confundido o avergonzado.

Cuando me siento avergonzado ______________________________
porque *(¿qué me impide compartir o mostrar honestamente esta emoción?)* ______________
En vez de enmascarar/esconder esta emoción, podría *(¿qué puedes decir o hacer diferente?)*
____

Estar **CELOSO** es sentir envidia por los logros o ventajas que percibimos de otra persona con respecto a los nuestros; un sentimiento de inseguridad con nuestra relación personal; percepción de rivalidad o infidelidad.

Cuando me siento celoso ______________________________
porque *(¿qué te impide compartir o mostrar honestamente esta emoción?)* ______________
En vez de enmascarar/esconder esta emoción, podría *(¿qué puedes decir o hacer diferente?)*
____

¿Otras emociones? Enuméralas aquí y describe tu "máscara"

Cuando me siento ______________, ______________________________
porque *(¿qué te impide compartir o mostrar honestamente esta emoción?)* ______________
En vez de enmascarar/esconder esta emoción, podría *(¿qué puedes decir o hacer diferente?)*
____

Cuando me siento ______________, ______________________________
porque *(¿qué te impide compartir o mostrar honestamente esta emoción?)* ______________
En vez de enmascarar/esconder esta emoción, podría *(¿qué puedes decir o hacer diferente?)*
____

Estableciendo límites saludables

CUESTIONARIO AUDIOVISUAL

https://www.youtube.com/watch?v=Jgz8k-AcEqg

1. ¿Qué has aprendido sobre la importancia de establecer límites saludables?

2. ¿Qué te enseñaron sobre el establecimiento de límites?

SESIÓN 48

FORTALECIENDO NUESTRA AUTOESTIMA

OBJETIVOS:

1. Examinación de una emoción que "disfraza" lo que realmente sientes.
2. Identificación de una forma en la que puedes convertirte en tu propia mejor amiga.
3. Desarrollo de dos afirmaciones positivas sobre ti misma.
4. Elección de un comportamiento que aumente tu autoestima.
5. Práctica de un ejercicio de relajación.

PREGUNTAS FINALES DE LA SESIÓN

¿Qué te pareció nuevo, interesante y/o útil en esta lección?

___

¿Qué has aprendido sobre ti misma?

___

¿Qué aspectos de tu vida cambiarás como resultado de esta lección?

___

La máscara que me pongo

Las máscaras les ocultan una parte de nuestro rostro a los demás. Cuando nos ponemos una máscara para disimular nuestras emociones, ya sea ante nosotros mismos o ante los demás, corremos el riesgo de sentirnos mal con nosotros mismos, ya que no estamos honrando nuestro verdadero yo.

Este ejercicio examinará algunos sentimientos concretos, analizando cuál crees que es la razón para enmascararlos y considerar la posibilidad de decirte a ti misma algo o hacer algo que sea un reflejo más honesto de quién eres realmente.

A continuación, se ofrecen algunas definiciones para describir estos sentimientos. Son una recopilación de diversas fuentes.

Examina los siguientes sentimientos y describe si los "ocultas" o "enmascaras" y cómo lo haces:

Ejemplo: Tristeza: pongo una sonrisa y finjo que estoy bien.

La **TRISTEZA** es un dolor emocional asociado a, o caracterizado por, sentimientos de desventaja, pesar, pérdida, desesperación, aflicción, impotencia, decepción y pena.

Cuando siento tristeza, me ______________________________
porque yo *(¿qué te impide compartir o mostrar honestamente esta emoción?)* ____________. En lugar de enmascarar/ocultar esta emoción, podría *(¿qué puedes decir o hacer de forma diferente?)*
______________________________.

La **SOLEDAD** es una respuesta emocional a sentirse aislado de los demás, incluso cuando se está con otras personas.

Cuando siento soledad, me ______________________________
porque yo *(¿qué te impide compartir o mostrar honestamente esta emoción?)* ____________.
En lugar de enmascarar/ocultar esta emoción, podría *(¿qué puedes decir o hacer de manera diferente?)*
______________________________.

La **FRUSTRACIÓN** es una respuesta emocional que surge de la resistencia percibida a lo que quieres; sentir que los problemas no se resuelven o que los deseos no se cumplen; insatisfacción.

Cuando siento frustración, me ______________________________
porque *(¿qué te impide compartir o mostrar honestamente esta emoción?)* ____________.
En lugar de enmascarar/ocultar esta emoción, podría *(¿qué puedes decir o hacer de forma diferente?)*
______________________________.

La **VERGÜENZA** es un estado emocional que se experimenta normalmente cuando se cree haber hecho o dicho algo socialmente inaceptable; sentirse confuso o avergonzado.

Cuando siento vergüenza, me ______________________________
porque yo *(¿qué te impide compartir o mostrar honestamente esta emoción?)* ______________.
En lugar de enmascarar/ocultar esta emoción, podría *(¿qué puedes decir o hacer de manera diferente?)*
______________________________.

Los **CELOS** son sentimientos de envidia por los logros o ventajas que otra persona percibe en comparación con los nuestros; un sentimiento de inseguridad con respecto a nosotros mismos; rivalidad o infidelidad percibidas.

Cuando siento celos, me ______________________________
porque yo *(¿qué te impide compartir o mostrar honestamente esta emoción?)* ______________.
En lugar de enmascarar/ocultar esta emoción, podría *(¿qué puedes decir o hacer de forma diferente?)*
______________________________.

¿Otras emociones? Enuméralas aquí y describe tu "máscara".

Cuando siento ______________, yo ______________________ porque
yo *(¿qué te impide compartir o mostrar honestamente esta emoción?)* ______________.
En lugar de enmascarar/ocultar esta emoción, podría *(¿qué puedes decir o hacer de manera diferente?)*
______________________________.

Cuando siento ______________, yo ______________________
porque yo *(¿qué te impide compartir o mostrar honestamente esta emoción?)* ______________.
En lugar de enmascarar/ocultar esta emoción, podría *(¿qué puedes decir o hacer de manera diferente?)*
______________________________.

Hoja de trabajo para reforzar la autoestima

Existen varios artículos que hablan de cómo fortalecer nuestra autoestima/autoconfianza. Muchos de ellos han sido utilizados en este programa.

1. **Una buena postura:** Sorprendentemente, nuestra postura puede indicarnos a nosotros mismos y a los demás el nivel de confianza o inseguridad que tenemos. Una buena postura puede enviarle un mensaje a tu cerebro que, de hecho, puede cambiar la forma en que te sientes.

   ¿Qué dice tu postura sobre ti?

2. **Atención plena:** Cuando vivimos en el presente y somos capaces de percibirnos a nosotros mismos y al entorno que nos rodea, nuestro bienestar físico y psicológico se ve muy beneficiado. Puede ser un factor de contención en situaciones difíciles. Influye en la forma en que respondemos al estrés y reduce las estrategias de afrontamiento evasivas (como el consumo de sustancias para adormecernos, etc.).

   ¿Con qué frecuencia practicas tus ejercicios de atención plena? ¿Qué diferencia puedes notar?

3. **Objetivos personales:** Ser capaces de fijarnos metas significativas y alcanzarlas nos permite aprovechar nuestros puntos fuertes y llenar de propósito nuestras vidas. Cuando alcanzamos nuestros objetivos, nuestra confianza en nosotros mismos se ve reforzada por la experiencia del éxito.

   ¿Qué objetivos te has fijado desde que estás en este programa?

   ¿Qué objetivos has cumplido o estás a punto de cumplir?

4. **Autocompasión:** Esta lección introdujo la idea de formular afirmaciones positivas sobre uno mismo: hablarte como si fueras tu buen amigo. Cuando eres amable contigo mismo se produce un cambio en la química del cerebro y los demás también lo notarán.

   Escribe varias afirmaciones positivas que puedas decirte a ti misma delante de un espejo cada mañana y/o cada noche.

5. **Ayudar y ser ayudado:** El altruismo (hacer cosas amables por los demás sin esperar ser recompensado) es otro comportamiento que transforma el cerebro. Hay estudios que demuestran que ayudar a los demás nos ayuda a sentirnos bien con nosotros mismos y le da más sentido a nuestras vidas. Cuando les pedimos a los demás que nos ayuden, les damos la misma oportunidad y creamos colaboración y amistad.

   ¿Dónde necesitas pedir y/o aceptar ayuda en tu vida?

   ¿A quién le tiendes la mano para ayudar sin esperar nada?

6. **Convertirse en un aprendiz:** Cuando cultivamos una actitud de autoconocimiento, curiosidad por nosotros mismos y por los demás, y nos esforzamos por aprender nuevos datos y nuevas habilidades, mejoramos nuestra imagen de nosotros mismos y creamos más positividad en nuestras vidas.

   ¿Cómo el aprendizaje sobre uno mismo ha mejorado tu autoestima?

   ¿Cómo te hace sentir el aprendizaje de nueva información?

Entendiendo los sentimientos

https://www.youtube.com/watch?v=_9V8-otjVzw

1. La ponente establece una diferencia entre emociones y sentimientos. Ella dice que las emociones son ____________________ biológicas y ______________________

2. ¿Cómo indica la ponente que recibimos la información?

3. ¿Qué sucede cuando la información llega a nuestro cerebro?

4. Si sólo existen siete emociones básicas y universales, ¿por qué cada uno de nosotros reacciona de manera diferente ante la información recibida por nuestros sentidos?

5. ¿Qué le ocurre a mi estado emocional si no estoy contando la "historia correcta"?

SESIÓN 49

LAS DIFERENCIAS DE GÉNERO EN LA SOCIALIZACIÓN DE LAS OPINIONES SEXUALES—EL PERDÓN

OBJETIVOS:

1. Consideración de las opiniones socializadas sobre el comportamiento sexual y el consentimiento.
2. Identificación de dos problemas de "caja del hombre" que hayas presenciado o experimentado.
3. Distinción entre consentimiento y no consentimiento en el sexo.
4. Identificación y consideración sobre qué es y qué no es perdón.
5. Práctica de una técnica de relajación.

PREGUNTAS FINALES DE LA SESIÓN

¿Qué te pareció nuevo, interesante y/o útil en esta lección?

___

¿Qué has aprendido sobre ti misma?

___

¿Qué aspectos de tu vida cambiarás como resultado de esta lección?

___

La caja del hombre

CUESTIONARIO AUDIOVISUAL

Enumera algunas de las creencias de la "caja del hombre". Enumera todas las que puedas recordar:

1. Ser ____________________
2. Ser el ____________________
3. ____________________ "en control"
4. Tener ____________________ parejas sexuales
5. ____________________
6. Ser fuerte incluso cuando ____________________
7. Saber ____________________ dónde está su pareja

¿Cuáles crees que han sido aceptadas y aprobadas por los hombres de tu entorno?

¿Alguna vez has visto a un hombre intentar salir de la "caja del hombre"? ¿Qué ha ocurrido?

Entre los hombres que están "DENTRO" de la "caja del hombre" y los que están "FUERA" de la "caja del hombre", ¿qué grupo fue encuestado para responder a las siguientes afirmaciones CON MÁS FRECUENCIA que el otro?

	Dentro	Fuera
1. Tenían "una salud mental" más precaria	________	________
2. Comportamientos perjudiciales para sí mismos y para los demás	________	________
3. Tenían menos pensamientos suicidas	________	________
4. Cometieron más actos de violencia física	________	________
5. Le hicieron comentarios sexuales a una chica que no conocían	________	________
6. Se emborrachaban con más frecuencia	________	________

Evaluación del consentimiento sexual

Basándote en tus conocimientos y creencias actuales, encierra en un círculo Verdadero (V) o Falso (F) las siguientes afirmaciones:

1. La persona que busca o inicia las relaciones sexuales es responsable de obtener el consentimiento.	V	F
2. No es necesario "pedir consentimiento", ya que suele ser obvio por el comportamiento de la persona.	V	F
3. Una persona drogada, demasiado borracha, dormida o inconsciente no puede decidir si desea mantener relaciones sexuales.	V	F
4. Es necesario consultarlo con la persona cada vez que se inicie un nuevo tipo de actividad sexual.	V	F
5. Si estás casado, no necesitas pedir "consentimiento".	V	F
6. Si mantienes una relación "seria", no necesitas pedir consentimiento.	V	F
7. Mi pareja sexual tiene derecho a retirar su consentimiento en CUALQUIER MOMENTO, incluso si ya hemos iniciado la actividad sexual.	V	F
8. Si se retira el consentimiento, debo interrumpir inmediatamente cualquier actividad sexual.	V	F
9. El consentimiento sexual se produce cuando una persona tiene la capacidad y la libertad de aceptar la actividad sexual.	V	F

Después de ver *Té y consentimiento*, ¿ha cambiado alguna de tus respuestas?

EL PERDÓN ES ... Y NO ES ...

Lo que es ...

1.
2.
3.
4.
5.
6.
7.
8.
9.
10.

Lo que no es ...

1.
2.
3.
4.
5.
6.
7.
8.
9.
10.

SESIÓN 50

ENTENDIENDO EL PERDÓN

OBJETIVOS:

1. Reconocimiento de los beneficios del perdón.
2. Análisis del ejemplo de "perdón" de otra participante.
3. Práctica de un ejercicio de relajación.

PREGUNTAS FINALES DE LA SESIÓN

¿Qué te pareció nuevo, interesante y/o útil en esta lección?

___

¿Qué has aprendido sobre ti misma?

___

¿Qué aspectos de tu vida cambiarás como resultado de esta lección?

___

El poder del perdón

CUESTIONARIO AUDIOVISUAL

PARTE 1: EL PERDÓN APRENDIDO

1. ¿Qué opinas de que se les enseñe a los niños a perdonar?

2. ¿Dónde nos informamos sobre el tema del perdón?

3. ¿Qué aprendiste durante tu educación?

4. ¿Cuáles fueron algunos de los problemas a los que se enfrentó la escuela al intentar enseñarles a perdonar?

5. ¿Cuáles fueron algunos de los resultados descubiertos por el proyecto?

PARTE 2: BUENO PARA LA SALUD

1. ¿Qué le ocurre al cerebro cuando queremos "hacerle daño a alguien"?

2. ¿Cuáles son las diferencias entre los que "perdonan" y los que "casi no perdonan"?

3. ¿Las personas pueden convertirse fácilmente en gente que "perdona"? ¿Cómo?

Hoja de trabajo para llegar a una resolución

¿He convertido una ofensa en una "queja"? Piensa en una queja que tengas contra una persona/acontecimiento que te moleste o te haga daño de forma significativa.

1. ¿Le he contado mi historia más de dos veces a la misma persona?
   a. Al contarla por segunda vez, ¿te sientes mejor o aumenta tu nivel de enfado?
   ¿Reproduces mentalmente lo ocurrido más de dos veces en un día?
2. ¿Hablas de la persona que te hizo daño, aunque no esté presente?
3. ¿Te has comprometido a contar la historia sin alterarte y luego te has agitado de forma inesperada?
   a. Préstale atención a tu cuerpo. ¿Respiras con normalidad? ¿Notas que tu cuerpo está agitado (músculos tensos, presión sanguínea en aumento, pulso elevado)? Cuando esto ocurre, estás respondiendo físicamente a la queja. Utiliza los ejercicios de respiración/relajación muscular para calmar tu cuerpo.
4. ¿La persona que te hizo daño es el personaje central de la historia?
5. ¿En la historia hay un villano?
   a. ¿Cómo puedes reescribir la historia y verte a ti misma bajo una luz más positiva y empoderada? ¿Cómo puedes ser la "heroína" de tu historia?
   b. ¿Qué atributos/características positivas tiene esta persona?
6. Cuando cuentas esta historia, ¿te recuerda a otras cosas dolorosas que te han ocurrido?
   a. ¿Qué tiene este acontecimiento que desencadena recuerdos del pasado? ¿Necesitas "perdonar" a estas personas/acontecimientos del pasado para poder seguir adelante?
7. ¿Te has prometido a ti misma no volver a contar esa historia y luego has roto tu promesa?
   a. ¿Por qué sigues "alquilando espacio" en tu mente?
8. ¿Buscas a otras personas con problemas similares para contarles tu historia?
   a. ¡La miseria busca compañía! Pero, ¿cómo te sientes después? ¿Te sientes mejor o más deprimida?
9. ¿Tu historia se centra principalmente en tu dolor y en lo que has perdido?
   a. Haz una lista de las pérdidas, luego haz una lista de tus bendiciones, especialmente cuando la bendición vino como resultado de la pérdida inicial.
10. ¿La historia se ha mantenido igual a lo largo del tiempo?
11. ¿Has comprobado la exactitud de los detalles de tu historia?

Según el Dr. Luskin, "si contestas afirmativamente a 5 o más de las 11 primeras preguntas y no a la pregunta 12, es muy probable que estés contando una historia de queja. Si es así, no pierdas la esperanza. Puedes cambiar una historia de queja tan fácilmente como la creaste".

CAMBIANDO LA HISTORIA

1. **NLTP (No lo tomes personal):** ¿Ves la ofensa desde otra perspectiva que no sea la tuya? Si pasas más tiempo pensando en el incidente que en la persona que te ofendió, probablemente te lo estés tomando como algo personal.

   Intenta escribir la historia desde la perspectiva de la otra persona. ¿Qué cosas coinciden? ¿Qué es diferente?

2. **Sentimientos:** ¿Has identificado los sentimientos que se esconden tras tu rabia? ¿Los sentimientos ante esa "injusticia" percibida? ¿Eres dueña de tus sentimientos o culpas a la otra persona? ¿Sobre qué persona tienes realmente el control?

   Debido a esta experiencia, ¿tienes alguno de los siguientes sentimientos: amargura, resentimiento, desesperación, arrogancia, autocompasión, sensación de que la vida no es justa?

3. **Reprogramando el cerebro:** ¿Has practicado las técnicas de relajación para limitar la respuesta de lucha o huida? ¿Has observado la situación desde un punto de vista positivo? ¿Estás dispuesta a dejar ir los sentimientos negativos? ¿Qué puedes agradecer como resultado del incidente?

4. **Una intención diferente:** ¿Tienes realmente TODOS los hechos que giran en torno al incidente? ¿Puedes cambiar la historia de modo que ya no "destaque" el mal que te han hecho o el daño que has sufrido? ¿Puedes aprender a contar la historia de modo que tus problemas se conviertan en retos a superar y no en simples quejas en las que insistir?

Hoja de trabajo sobre el escenario del perdón

I. **NLTP (No lo tomes personal)**

a. Explica de una a tres "perspectivas" que sean diferentes del escenario. Por ejemplo, ¿qué crees que estaba pensando la persona que "ofendió"? ¿Cuál podría ser otra explicación de la ofensa (tal vez la opinión de un observador externo)?

1. ______________________________

____

____

____

2. ______________________________

____

____

____

3. ______________________________

____

____

____

II. **Sentimientos**

a. Enumera algunos sentimientos que podría tener la persona ofendida.

1. ______________________________

____

____

____

b. Si esta situación le hubiera ocurrido antes a esta persona, ¿qué podría estar pensando o cuál sería su "diálogo interno"?

1. ______________________________

____

____

____

III. **Reprogramando del cerebro**

a. ¿Cuáles son algunas técnicas/ejercicios de relajación que pueden hacer para limitar su respuesta de lucha o huida?

1. ______________________________

____

b. ¿Qué aspectos "positivos" pueden considerarse presentes en la situación o en la persona que los ofendió?

1. ______________________________
2. ______________________________
3. ______________________________
4. ______________________________

c. ¿De qué podrían estar "agradecidos" en esta situación?

1. ______________________________
2. ______________________________
3. ______________________________

IV. **Creando una intención diferente**

a. ¿Qué preguntas te vienen a la mente que podrían proporcionar la información "que falta" en este escenario?

1. ______________________________

2. ______________________________

3. ______________________________

b. ¿Cómo puede contarse de nuevo esta historia para que el ofendido deje de ser la víctima y se convierta en el "héroe"?

1. ______________________________
____
____

c ¿Cómo puede contarse de nuevo esta historia para que los problemas se conviertan en retos a superar, y no en simples quejas en las que obsesionarse?

1. ______________________________

SESIÓN 51

PRACTICANDO EL PERDÓN

OBJETIVOS:

1. Identificación de un área de tu vida en la que no hayas perdonado.
2. Reconocimiento de qué estrategias ineficaces has utilizado, según las identificadas por el Dr. Luskin.
3. Desarrollo de una estrategia para practicar el perdón.
4. Práctica de un ejercicio de relajación.

PREGUNTAS FINALES DE LA SESIÓN

¿Qué te pareció nuevo, interesante y/o útil en esta lección?

____

¿Qué has aprendido sobre ti misma?

____

¿Qué aspectos de tu vida cambiarás como resultado de esta lección?

____

Perdonando de verdad

CUESTIONARIO AUDIOVISUAL

PARTE 1: ENTENDIENDO EL PERDÓN

1. Identifica un incidente/persona en tu vida que haya provocado que te quedaras "estancada".

   ____

2. Según lo mencionado por el Dr. Luskin, ¿con qué sentimientos te identificas? (circula todo lo que corresponda)

3. ¿Herida? ¿Confundida? ¿Incapaz de confiar? ¿Vulnerable? ¿Enfadada? ¿Inferior? ¿Miedosa? ¿Otros? ____________

4. El perdón requiere una gran ____________ y una gran ____________ .

5. Todos recibimos ____________ y todos podemos ____________ .

6. ____________ requiere trabajo.

7. La sanación solo puede ser posible ____________ , aunque el suceso haya ocurrido en el pasado.

8. ¡El "pasado" solo vive en tus ____________ !

PARTE 2: BENEFICIOS DEL PERDÓN

1. El perdón es la clave para ____________ y ____________ .

2. Mejor ____________ , mejor ____________ emocional, ____________ calma, mejor ____________ . Conmueve tu ____________ .

3. ¿Qué NO PODEMOS hacerle a los demás?

   a. ____________ a nosotros; ser ____________ para nosotros.

   b. Tratarnos con más amabilidad de la que ____________ desea.

   c. Ser ____________ de actos de violencia casuales.

4. Aprender a ____________ que la vulnerabilidad es fundamental en nuestras vidas.

   a. ____________ afecta a nuestro sistema inmunológico, cardiovascular, nervioso y a todos los órganos del cuerpo que responden a ____________ sustancias químicas.

      i. Estás viviendo ____________ .

      ii. Te estás diciendo a ti misma que ¡ ____________ puedes con ello!

   b. Perdonar nos permite seguir ____________ y no vivir en el ____________ .

5. ¿Cuáles fueron los resultados del estudio de Irlanda del Norte para aquellos que perdonaron los asesinatos de sus seres queridos en solo ______________ sesión?

    a. ____________ deprimidos, ____________ enfadados, ____________ optimistas, ____________ perdonadores, ____________ vivos (enérgicos), ____________ estresado, menos síntomas de ____________.

6. A medida que tu capacidad de perdonar se fortalece, tu ____________ mejora.

7. Cuando NO perdonas, estás ____________. Cuando SÍ perdonas, tienes ____________ confianza en ti misma.

    a. ____________.

    b. Sabiendo ____________ "manejarlo".

8. Practica la gestión del estrés cuando tu mente "recuerde" el pasado/incidente e intente apropiarse de tu cuerpo.

PARTE 3: EL PERDÓN EN LA VIDA COTIDIANA

1. Propósito: Recuperar tu ____________

    a. Objetivo: Buscar el "____________" en lugar de correr hacia el ____________.

        i. ¡La mejor venganza es una vida bien vivida!

        ii. Es la única manera de que lo que te hicieron ¡ ____________ importe!

        iii. Esto reduce el tamaño de la persona/incidente en nuestra vida.

2. Lo que importa no es el incidente, sino el significado.

3. Hay que ser capaz de describir el incidente sin sentir ninguna emoción.

NUEVE PASOS PARA PERDONARSE A UNO MISMO Y A LOS DEMÁS

1. Saber lo que pasó (describir la ofensa).

    a. ¿Qué estás perdonando? (no puedes precipitarte en esto)

    b. Sé consciente de cómo se siente.

    c. Cuéntaselo a otra persona (te ayudará a darte cuenta de que no estás solo).

2. Comprende que el perdón es para ti (hacer las paces contigo misma).

    a. No tienes que reconciliarte, pero puedes elegir hacerlo.

    b. Perdona para que puedas seguir adelante.

3. Entiende lo que es y lo que no es el perdón.

4. ¡El perdón es cosa de hoy!

5. Practicar la gestión del estrés.
    a. Una forma de asegurarte de que tu cuerpo no está siendo bloqueado por tu mente cuando se asusta recordando cómo te hirieron.
    b. Respira profundamente.
    c. Piensa en el problema de forma diferente.
6. Reconoce las normas no aplicables.
    a. ¿Qué querías que sucediera y no sucedió?
    b. Cada vez que insistes en que tu vida sea diferente de lo que fue, te estás atormentando.
    c. Pregúntate: "¿Veo la vida tal y como es en realidad?".
7. Una vida bien vivida es tu mejor venganza.
    a. Estar despierto y preparado para las cosas buenas.
    b. ¿A qué le doy mi atención? ¿A mis bendiciones o a mis heridas?
    c. Reconocer que lo "malo" se ha acabado. ¡Lo hecho ya está hecho!
    d. Dale toda tu energía, tu atención, tu consciencia a aquellos que amas y que se preocupan por ti, aquellos que son amables contigo.
8. Aprende a buscar el amor, la belleza y la bondad.
    a. Deja de exigir lo que no recibiste de alguien, despídete en tu corazón.
    b. Encuentra a alguien que quiera satisfacer tus necesidades.
    c. Deja de rogar lo que no te pueden dar, ¡deja de exigírselo!
    d. Busca el amor en los lugares adecuados.
    e. Supera las decisiones de los demás.
    f. Afronta con realismo las decepciones.
9. Mejora tus historias de queja.
    a. Esta es la historia que te cuentas a ti misma.
    b. Recupera el poder que les diste a quienes te hicieron daño.
    c. ¿Eres la heroína o la víctima?
    d. Cuenta la historia con una intención positiva: una historia de recuperación.
        i. ¿Cómo lo afrontaste?
        ii. ¿Cómo lo superaste?

"Herir te pone por debajo de tu enemigo ...

Vengarte te pone en el mismo nivel que él ...

Perdonarlo te pone por encima de él".

—Benjamin Franklin

SESIÓN 52

GRUPO DE PROCESOS—¿CÓMO HAS CAMBIADO? (GRADUACIÓN)

OBJETIVOS:

1. Identificación de qué información/habilidades utilizas ahora y seguirás utilizando.
2. Reconocimiento de lo que has aprendido sobre ti misma.
3. Identificación de lo que has aprendido sobre las relaciones.
4. Establecimiento de nuevos objetivos para tener relaciones saludables.
5. Práctica de una técnica de relajación.

PREGUNTAS FINALES DE LA SESIÓN

¿Qué te pareció nuevo, interesante y/o útil en esta lección?

____

¿Qué has aprendido sobre ti misma?

____

¿Qué aspectos de tu vida cambiarás como resultado de esta lección?

____

AUTOEVALUACIÓN DE LA INTELIGENCIA EMOCIONAL

No hay respuestas correctas o incorrectas para este cuestionario, simplemente circula la respuesta que mejor se ajuste a ti utilizando este sistema de puntuación:

1 = No me describe
2 = Rara vez me describe
3 = A veces me describe
4 = Normalmente me describe
5 = Me describe la mayoría de las veces

1.	Soy capaz de expresar mis sentimientos/emociones con palabras fácilmente.	1	2	3	4	5
2.	Soy capaz de mantenerme relajada incluso en circunstancias difíciles.	1	2	3	4	5
3.	Soy capaz de ver los puntos de vista de otras personas si son diferentes a los míos.	1	2	3	4	5
4.	Soy capaz de darme cuenta fácilmente de lo que siento.	1	2	3	4	5
5.	Puedo controlar mi ira.	1	2	3	4	5
6.	Soy capaz de expresar mis deseos y necesidades de manera respetuosa.	1	2	3	4	5
7.	Suelo ser capaz de lidiar bien con el estrés.	1	2	3	4	5
8.	Los demás me ven tranquila y relajada, bajo control la mayoría de las veces.	1	2	3	4	5
9.	Sé esperar por lo que quiero sin ponerme ansiosa o enfadarme.	1	2	3	4	5
10.	Cuando estoy molesta, me detengo y considero lo que estoy sintiendo antes de actuar.	1	2	3	4	5
11.	Puedo lidiar con circunstancias cambiantes sin enfadarme con los demás.	1	2	3	4	5
12.	Puedo determinar con precisión cómo se siente otra persona con solo mirarla.	1	2	3	4	5
13.	Me considero una buena persona.	1	2	3	4	5
14.	Puedo evaluar con precisión mis puntos fuertes y débiles.	1	2	3	4	5
15.	Me esfuerzo por comprender un problema antes de tomar una decisión.	1	2	3	4	5
16.	Puedo aceptar las críticas sin que me afecten personalmente.	1	2	3	4	5
17.	Cuando alguien me ofende, yo le devuelvo la ofensa.	1	2	3	4	5
18.	Me rodeo de personas y actividades positivas y alentadoras.	1	2	3	4	5
19.	Puedo calmarme fácilmente una vez que una amenaza o algo que me asusta desaparece.	1	2	3	4	5
20.	Puedo ver lo positivo en los demás y en mis circunstancias.	1	2	3	4	5

Escala de creencias y comportamientos (BABS)

NADA J. YORKE, LCSW

(Circula la opción que mejor indique cuántas veces has adoptado estos comportamientos en una relación personal e íntima, independientemente del comportamiento de tu pareja).

1= Nunca (no aplica)	2= Rara vez (1–3 veces)	3= Alguna vez (4–8 veces)	4= A menudo (9–15 veces)	5= Muchas veces (Más de 15 veces)

1	Lo insulté y/o degradé.	1	2	3	4	5
2	Menosprecié a su familia y/o amigos.	1	2	3	4	5
3	Le dije que era mal padre.	1	2	3	4	5
4	Utilicé a los niños para controlarlo, por ejemplo amenazándolo con que me quedaría con ellos o con la custodia.	1	2	3	4	5
5	No dejé que mi pareja interrumpiera la discusión o se tomara una pausa.	1	2	3	4	5
6	Lo acusé de prestarle demasiada atención a otra persona o a otra cosa.	1	2	3	4	5
7	Le di una bofetada en cualquier parte del cuerpo con rabia.	1	2	3	4	5
8	Le di un puñetazo o lo golpeé con el puño.	1	2	3	4	5
9	Le he dado patadas.	1	2	3	4	5
10	Lo he amenazado o he intentado suicidarme para retenerlo o controlarlo.	1	2	3	4	5
11	Lo he amenazado con un cuchillo (independientemente de la intención de utilizarlo).	1	2	3	4	5
12	Lo he amenazado con una pistola (independientemente de la intención de utilizarla).	1	2	3	4	5
13	Boté o amenacé con botar sus cosas, o rompí a propósito objetos, juguetes o posesiones que eran importantes para él.	1	2	3	4	5
14	Lo he amenazado con un objeto (independientemente de la intención de utilizarlo).	1	2	3	4	5
15	He escuchado sus llamadas telefónicas, he comprobado el kilometraje del auto, lo he llamado repetidamente al trabajo, he comprobado si estaba donde dijo que estaría o he hecho que otras personas lo vigilaran.	1	2	3	4	5
16	He amenazado con hacer que lo despidan.	1	2	3	4	5
17	Lo he empujado.	1	2	3	4	5
18	He llorado para que se sienta culpable o para manipularlo.	1	2	3	4	5
19	He intentado darle celos.	1	2	3	4	5

(circula la opción que mejor refleje tus creencias sobre tu relación/pareja).

	1 = Totalmente en desacuerdo	**2 = En desacuerdo**	**3 = Neutral**	**4 = De acuerdo**	**5 = Totalmente de acuerdo**
20 Está bien que las mujeres maltraten a los hombres si se lo merecen.	1	2	3	4	5
21 Gritarle a mi pareja no es abusivo.	1	2	3	4	5
22 Está bien sacarle dinero de la cartera a mi pareja si está siendo tacaño.	1	2	3	4	5
23 No mantener relaciones sexuales con mi pareja es una buena forma de llamar su atención.	1	2	3	4	5
24 Insultar a mi pareja cuando estoy enfadada no es maltrato.	1	2	3	4	5
25 Está bien quejarme de mi pareja en tono personal.	1	2	3	4	5
26 Tengo derecho a ponerme a la defensiva cuando mi pareja se queja.	1	2	3	4	5
27 Solo acepto la responsabilidad cuando he hecho algo mal.	1	2	3	4	5
28 Mi pareja no merece respeto si se comporta como un imbécil.	1	2	3	4	5
29 A veces digo "sí" solo para quitarme a mi pareja de encima.	1	2	3	4	5
30 Sé establecer límites claros en mi relación.	1	2	3	4	5
31 Decirle "no" a mi pareja es cruel y mezquino.	1	2	3	4	5
32 Mi pareja debe saber cómo hacerme feliz.	1	2	3	4	5
33 Está bien coquetear con otros si quiero darle celos a mi pareja.	1	2	3	4	5

APÉNDICES A–D

APÉNDICES

APÉNDICE A

Evaluaciones y comentarios de los participantes

A continuación, se presentan extractos de los hombres que asistieron al programa en el entorno penitenciario (pero que no pudieron terminar todo el programa) y de los que se graduaron en los programas comunitarios de 52 sesiones. Todas las declaraciones se enviaron de forma anónima en la Evaluación del Programa para Participantes:

> "Creo que esta clase debería dársele a todo el mundo, porque muchos de nosotros ya sabemos mucho sobre esto, pero esta clase nos muestra cómo aplicarlo a nuestra vida diaria".
>
> "Gracias por todo; me ha hecho ser mejor, y me siento mejor".
>
> "Solo deseaba que no estuviéramos encerrados todo el tiempo, para poder asistir a las clases constantemente. He aprendido mucho y realmente ha cambiado mi forma de ser y de pensar, todo para bien. Gracias, Sra. Yorke".
>
> "¡Muchas gracias por su ayuda para convertirme en una mejor persona; así como en un marido productivo para y por mi esposa!"
>
> "Gracias por todo lo que me ha ayudado a conseguir a mí y a estos hombres de Dios. Te respeto tanto por tu honestidad y lealtad hacia todos nosotros. Que Dios te siga cuidando".
>
> "Gracias x ayudarme a ser una mejor persona".
>
> " ... además de que las clases fueron muy cortas, pensé que cualquiera que estuviera dispuesto a cambiar para mejor, debería considerar este curso antes de la libertad condicional".
>
> "Gracias por todas las enseñanzas, las lecciones y el tiempo que han puesto en cada uno de nosotros".
>
> "Como voluntario, este programa me ha ayudado a convertirme en una mejor persona, no solo a mí mismo, sino también a mi familia, amigos, y mi matrimonio ... Este programa es y fue una verdadera bendición para mí, así como las personas que están cerca de mí y mi vida. Gracias a

> Nada puedo decir honestamente que soy un hombre cambiado y he aprendido tantas cosas en este programa. ¿Cómo se le agradece a alguien que ha cambiado tu vida? Muchas gracias, Nada Yorke".
>
> "Todo en esta clase es útil. Esta clase tendría una puntuación de 10 en una escala de 1 a 10. Sigan trabajando así".

Esperamos que estos comentarios los animen a participar en este programa y se den cuenta de la diferencia que alcanzarán en ustedes mismos y en las vidas de sus familias. ¡Sean bendecidos!

APÉNDICE B

Valoraciones y evaluaciones

EVALUACIÓN DEL PROGRAMA PARA EL PARTICIPANTE

Responde a las siguientes preguntas marcando la casilla que describe tu respuesta:

Siento que este curso me ayudó a:	**Mucho**	**Un poco**	**Nada**
1. Aumentar mi comprensión de la violencia doméstica.			
2. Cambiar mi forma de pensar sobre el comportamiento abusivo.			
3. Entender los efectos negativos de la violencia doméstica.			
4. Aplicar respuestas no violentas al enojo.			
5. Reconocer mi enfado antes de enfurecerme.			
6. Comprender cómo usar adecuadamente una pausa.			
7. Entender los diferentes tipos de personalidad.			
8. Reconocer los diferentes estilos de comunicación.			
9. Mejorar mi comunicación positiva con los demás.			
10. Mejorar mi capacidad de escucha con los demás.			
11. Respetar las diferencias de los demás.			
12. Reconocer y manejar mejor mi estrés.			

Le recomendaría este curso a otras personas:	Sí ________	No ________
En este curso aprendí algunas ideas nuevas para mejorar mis relaciones.	Sí ________	No ________
Los folletos fueron útiles para entender el material.	Sí ________	No ________
El material fue práctico para mis necesidades/intereses.	Sí ________	No ________
Las actividades de la clase me ayudaron a aprender nuevas formas de pensar.	Sí ________	No ________
El/La instructor/a conocía el material.	Sí ________	No ________
El/La instructor/a explicó el material para que pudiera entenderlo.	Sí ________	No ________
El/La instructor/a respondió bien a las preguntas o necesidades de la clase.	Sí ________	No ________

¿Algún otro comentario o sugerencia sobre lo que has aprendido o cómo se podría mejorar la clase?

____

____

____

____

Escala de creencias y comportamientos (BABS)

Nada J. Yorke, LCSW

(Circula la opción que mejor indique cuántas veces has adoptado estos comportamientos en una relación personal e íntima, independientemente del comportamiento de tu pareja).

1 = Nunca (no aplica)	**2 = Rara vez (1–3 veces)**	**3 = Alguna vez (4–8 veces)**	**4 = A menudo (9–15 veces)**	**5 = Muchas veces (Más de 15 veces)**

1	Lo insulté y/o degradé.	1	2	3	4	5
2	Menosprecié a su familia y/o amigos.	1	2	3	4	5
3	Le dije que era mal padre.	1	2	3	4	5
4	Utilicé a los niños para controlarlo, por ejemplo amenazándolo con que me quedaría con ellos o con la custodia.	1	2	3	4	5
5	No dejé que mi pareja interrumpiera la discusión o se tomara una pausa.	1	2	3	4	5
6	Lo acusé de prestarle demasiada atención a otra persona o a otra cosa.	1	2	3	4	5
7	Le di una bofetada en cualquier parte del cuerpo con rabia.	1	2	3	4	5
8	Le di un puñetazo o lo golpeé con el puño.	1	2	3	4	5
9	Le he dado patadas.	1	2	3	4	5
10	Lo he amenazado o he intentado suicidarme para retenerlo o controlarlo.	1	2	3	4	5
11	Lo he amenazado con un cuchillo (independientemente de la intención de utilizarlo).	1	2	3	4	5
12	Lo he amenazado con una pistola (independientemente de la intención de utilizarla).	1	2	3	4	5
13	Boté o amenacé con botar sus cosas, o rompí a propósito objetos, juguetes o posesiones que eran importantes para él.	1	2	3	4	5
14	Lo he amenazado con un objeto (independientemente de la intención de utilizarlo).	1	2	3	4	5
15	He escuchado sus llamadas telefónicas, he comprobado el kilometraje del auto, lo he llamado repetidamente al trabajo, he comprobado si estaba donde dijo que estaría o he hecho que otras personas lo vigilaran.	1	2	3	4	5
16	He amenazado con hacer que lo despidan.	1	2	3	4	5
17	Lo he empujado.	1	2	3	4	5
18	He llorado para que se sienta culpable o para manipularlo.	1	2	3	4	5
19	He intentado darle celos.	1	2	3	4	5

(Circula la opción que mejor refleje tus creencias sobre tu relación/pareja).

1 = Totalmente en desacuerdo	2 = En desacuerdo	3 = Neutral	4 = De acuerdo	5 = Totalmente de acuerdo

20	Está bien que las mujeres maltraten a los hombres si se lo merecen.	1	2	3	4	5
21	Gritarle a mi pareja no es abusivo.	1	2	3	4	5
22	Está bien sacarle dinero de la cartera a mi pareja si está siendo tacaño.	1	2	3	4	5
23	No mantener relaciones sexuales con mi pareja es una buena forma de llamar su atención.	1	2	3	4	5
24	Insultar a mi pareja cuando estoy enfadada no es maltrato.	1	2	3	4	5
25	Está bien quejarme de mi pareja en tono personal.	1	2	3	4	5
26	Tengo derecho a ponerme a la defensiva cuando mi pareja se queja.	1	2	3	4	5
27	Solo acepto la responsabilidad cuando he hecho algo mal.	1	2	3	4	5
28	Mi pareja no merece respeto si se comporta como un imbécil.	1	2	3	4	5
29	A veces digo "sí" solo para quitarme a mi pareja de encima.	1	2	3	4	5
30	Sé establecer límites claros en mi relación.	1	2	3	4	5
31	Decirle "no" a mi pareja es cruel y mezquino.	1	2	3	4	5
32	Mi pareja debe saber cómo hacerme feliz.	1	2	3	4	5
33	Está bien coquetear con otros si quiero darle celos a mi pareja.	1	2	3	4	5

Escala de creencias y comportamientos (BABS)

Nada J. Yorke, LCSW

(Circula la opción que mejor indique cuántas veces has adoptado estos comportamientos en una relación personal e íntima, independientemente del comportamiento de tu pareja).

1 = Nunca (no aplica)	2 = Rara vez (1–3 veces)	3 = Alguna vez (4–8 veces)	4 = A menudo (9–15 veces)	5 = Muchas veces (Más de 15 veces)

1	Lo insulté y/o degradé.	1	2	3	4	5
2	Menosprecié a su familia y/o amigos.	1	2	3	4	5
3	Le dije que era mal padre.	1	2	3	4	5
4	Utilicé a los niños para controlarlo, por ejemplo amenazándolo con que me quedaría con ellos o con la custodia.	1	2	3	4	5
5	No dejé que mi pareja interrumpiera la discusión o se tomara una pausa.	1	2	3	4	5
6	Lo acusé de prestarle demasiada atención a otra persona o a otra cosa.	1	2	3	4	5
7	Le di una bofetada en cualquier parte del cuerpo con rabia.	1	2	3	4	5
8	Le di un puñetazo o lo golpeé con el puño.	1	2	3	4	5
9	Le he dado patadas.	1	2	3	4	5
10	Lo he amenazado o he intentado suicidarme para retenerlo o controlarlo.	1	2	3	4	5
11	Lo he amenazado con un cuchillo (independientemente de la intención de utilizarlo).	1	2	3	4	5
12	Lo he amenazado con una pistola (independientemente de la intención de utilizarla).	1	2	3	4	5
13	Boté o amenacé con botar sus cosas, o rompí a propósito objetos, juguetes o posesiones que eran importantes para él.	1	2	3	4	5
14	Lo he amenazado con un objeto (independientemente de la intención de utilizarlo).	1	2	3	4	5
15	He escuchado sus llamadas telefónicas, he comprobado el kilometraje del auto, lo he llamado repetidamente al trabajo, he comprobado si estaba donde dijo que estaría o he hecho que otras personas lo vigilaran.	1	2	3	4	5
16	He amenazado con hacer que lo despidan.	1	2	3	4	5
17	Lo he empujado.	1	2	3	4	5
18	He llorado para que se sienta culpable o para manipularlo.	1	2	3	4	5
19	He intentado darle celos.	1	2	3	4	5

(Encierra en un círculo la opción que mejor refleje tus creencias sobre tu relación/pareja).

1 = Totalmente en desacuerdo	2 = En desacuerdo	3 = Neutral	4 = De acuerdo	5 = Totalmente de acuerdo

20	Está bien que las mujeres maltraten a los hombres si se lo merecen.	1	2	3	4	5
21	Gritarle a mi pareja no es abusivo.	1	2	3	4	5
22	Está bien sacarle dinero de la cartera a mi pareja si está siendo tacaño.	1	2	3	4	5
23	No mantener relaciones sexuales con mi pareja es una buena forma de llamar su atención.	1	2	3	4	5
24	Insultar a mi pareja cuando estoy enfadada no es maltrato.	1	2	3	4	5
25	Está bien quejarme de mi pareja en tono personal.	1	2	3	4	5
26	Tengo derecho a ponerme a la defensiva cuando mi pareja se queja.	1	2	3	4	5
27	Solo acepto la responsabilidad cuando he hecho algo mal.	1	2	3	4	5
28	Mi pareja no merece respeto si se comporta como un imbécil.	1	2	3	4	5
29	A veces digo "sí" solo para quitarme a mi pareja de encima.	1	2	3	4	5
30	Sé establecer límites claros en mi relación.	1	2	3	4	5
31	Decirle "no" a mi pareja es cruel y mezquino.	1	2	3	4	5
32	Mi pareja debe saber cómo hacerme feliz.	1	2	3	4	5
33	Está bien coquetear con otros si quiero darle celos a mi pareja.	1	2	3	4	5

APÉNDICE C

Formularios del programa

DEFINICIONES DE VIOLENCIA DOMÉSTICA

ABUSO FÍSICO: empujar, abofetear, asfixiar, tirar del pelo, dar puñetazos, patear, agarrar, golpear, tirar al suelo, retorcer los brazos, poner zancadillas, morder, golpear, usar un arma, restringir el movimiento o sujetar al compañero, escupir en la cara.

ABUSO EMOCIONAL: despreciar a la pareja o hacerla/lo sentir mal sobre sí misma, insultar a la pareja, hacerla/lo creer que está loca/o, hacer juegos mentales, manipular.

ABUSO SEXUAL: obligar a la pareja a hacer cosas sexuales en contra de su voluntad, agredir físicamente las partes sexuales de su cuerpo, tratar a la pareja como un objeto sexual, tener aventuras, violación (incluida la violación conyugal), negarse a someterse a un examen médico cuando lo pide la pareja, "sexo a demanda".

ABUSO ESPIRITUAL: usar las Escrituras Sagradas para intentar que mi pareja haga lo que "yo" quiero que haga, hacer que se sienta culpable o menos usando la fe, negarme a que mi pareja asista a eventos de mujeres/hombres o a la iglesia sin mí, usar la Biblia para decirle a mi pareja que tiene que "someterse" a mí.

ABUSO ECONÓMICO: tratar de evitar que la pareja consiga o mantenga un trabajo, hacer una escena en su lugar de trabajo, hacer que la pareja pida dinero, darle a la pareja un subsidio, tomar su dinero, no permitir que la pareja participe en las decisiones principales del hogar, hacer que la pareja ponga dinero en mis cuentas de la cárcel, comprar artículos para mi comodidad cuando carecen de recursos en casa, insistir en las llamadas telefónicas o visitas a la cárcel sin importar la carga financiera para mi pareja.

ABUSO VERBAL: insultar o gritarle a la pareja, decirle que es estúpida/o, menospreciar a la pareja, humillarla/o, decirle que nadie más la/lo querrá, llamarla/lo "demasiado flaca/o" o "demasiado gorda/o", llamarla/lo con nombres degradantes.

COERCIÓN Y AMENAZAS: usar la fuerza o las amenazas para conseguir el control; amenazar con dejarla/lo, suicidarse o denunciarla/lo a la asistencia social; intentar que la pareja retire los cargos penales; amenazar con dañar o matar a las personas cercanas a la pareja, o a las mascotas de la familia; amenazar con hacer que otros dañen o maten a la pareja: "te voy a poner un contrato"; amenazar con quemar la casa.

INTIMIDACIÓN: asustar a mi pareja con miradas, acciones, gestos; romper cosas; destruir su propiedad; abusar de los animales domésticos; mostrar armas.

AISLAMIENTO: controlar lo que hacen, a quién ven y hablan, adónde pueden ir; limitar su participación en el exterior con otras personas o actividades sin mí; utilizar los celos para justificar acciones; sabotear el auto o interferir en el transporte; arrancar el teléfono de la pared o destruir su móvil.

MINIMIZAR, NEGAR Y CULPAR: quitarle importancia al abuso; decir que no sucedió; desviar la responsabilidad por el comportamiento abusivo diciendo que ellos/as lo causaron; decirle a mi pareja que "necesita terapia" o que necesitan estar "comprometidos".

USAR A LOS NIÑOS/SERES QUERIDOS: intentar controlar a la pareja utilizando a sus seres queridos, obteniendo su simpatía, utilizando a los niños para transmitir mensajes, utilizando las visitas de los niños para acosarla/lo, amenazando con quitarle la custodia de los niños, llamándola/lo mala madre o padre, haciendo que la familia o los amigos "vigilen" a mi pareja y me informen.

ABUSO DE LA AUTORIDAD: tomar todas las decisiones importantes; actuar como si fueras el rey/reina y ella/él fuera tu sirviente; tratar a tu pareja como a un/a niño/a, especialmente delante de tus hijos; "cambiar las reglas"; hacer peticiones triviales: traerme una bebida, una comida, etc.; hacer que mi pareja se anticipe a cada una de mis necesidades; asegurarme de que las comidas estén listas al "minuto"; hacer que mi pareja "esté ahí" cuando decida llamar (más vale que la pareja no tenga el teléfono ocupado o pagará las consecuencias).

ABUSO DEL SISTEMA: llamar a los servicios de protección de menores con reclamos falsos para acosar a mi pareja, hacer múltiples aplazamientos judiciales o audiencias para "desgastarlos", contraatacar con una petición de orden de alejamiento, aunque no tenga miedo ni necesite la orden, llamar a la policía para que detenga a mi pareja, aunque no esté herida/o ni me preocupe el futuro maltrato.

MANIPULACIÓN: dar regalos, atención, disculpas después de la agresión para "manipular" a mi pareja para que no se vaya; manipular a mi pareja con "te quiero, te necesito, no puedo vivir sin ti, eres el/la único/a que me entiende"; finalmente darle a mi pareja lo que quiere, pero solo para mantenerla/lo "a raya", no ser sincero/a.

COMPORTAMIENTO CONTROLADOR O DE ESPÍA: comprobar el kilometraje; escuchar las llamadas telefónicas, pinchar el teléfono; escarbar entre sus pertenencias (bolso, registros telefónicos) para controlarla/lo y saber lo que hace o dónde ha estado; impedir que mi pareja duerma o despertarla/lo cuando me apetezca; utilizar programas informáticos o aplicaciones de telefonía móvil para seguir las actividades y el paradero de mi pareja; poner rastreadores GPS en su vehículo.

He leído y entiendo estas definiciones. Entiendo que seré responsable de cualquier amenaza o acto de violencia doméstica que cometa de acuerdo con estas definiciones.

Estoy de acuerdo con el objetivo de eliminar de mi vida la agresión y el abuso en las relaciones.

Firma: ______________________________ Fecha: ________________

TABLA DE SENTIMIENTOS

Feliz	Triste	Asustado	Emocionado	Querido	Molesto	Celoso	Disgustado	Desvariado
Alegre	Desganado	Temeroso	Sorprendido	Importante	Enfurecido	Insuficiente	Desagradable	Cansado
Encantado	Miserable	Horrorizado	Curioso	Aceptado	Furioso	Inseguro	Repelido	Estresado
Agradecido	Deprimido	Indefenso	Afortunado	Necesitado	Disgustado	Menospreciado	Consternado	Abrumado
Bien	Desesperado	Atemorizado	Entusiasmado	Apreciado	Alterado	Envidioso	Avergonzado	Presionado
Contento	Desanimado	Perturbado	Asombrado	Honrado	Hostil	Dwiado	Repugnado	Desconcentrado
Eufórico	Melancólico	Angustiado	Extasiado	Sereno	Trastornado	Receloso	Prejuicioso	Descontrolado
Jovial	Agobiado	Agitado	Embelesado	Respetado	Irritado	Precavido	Horrorizado	Aburrido

APÉNDICE D

Monitores diarios (Herramientas para trabajar en casa)

Los monitores diarios están diseñados para ayudarte a observar una serie de comportamientos habituales e incitarte a practicar lo que estás aprendiendo en las lecciones que los acompañan. Están diseñados en intervalos semanales, aunque en la mayoría de ellos no se mide la actividad todos los días de la semana.

Las dos primeras secciones siguen siendo las mismas (ejercicios de sueño y relajación), y la tercera sección cambia en función de las lecciones que se están tratando.

Al registrar tus períodos de sueño, por favor, hazlo en horas, así como TU estimación de la calidad. Cuando no dormimos/descansamos lo suficiente, nuestra capacidad para manejar el estrés y los desafíos del "cambio" se ve comprometida. Al registrar tu patrón de sueño, se espera que, de forma consciente, decidas reforzar tu capacidad para dormir el número de horas que tu cuerpo necesita cada noche y que busques ayuda para mejorar la calidad del sueño. Si tienes alguna dificultad, pregúntale a tu facilitador para obtener información adicional que te ayude en esta área.

Los monitores diarios también requieren que registres qué ejercicio de relajación utilizas y con qué frecuencia lo practicas. Hay varias opciones para elegir. Las investigaciones demuestran que la práctica diaria de ejercicios de relajación puede ayudarnos a reducir los efectos del estrés, a "reprogramar" nuestro cerebro para reducir los efectos negativos de traumas anteriores y a disminuir la depresión. También empezarás a notar que eres capaz de regular (controlar) tu estado emocional mucho mejor practicando ejercicios de relajación de forma regular en tan solo 30 días. Los ejercicios pueden durar desde un minuto hasta media hora.

MONITOR DIARIO: SENTIMIENTOS I

DÍA: ______________________

Dormí ____________ horas.
Calidad: buena regular mala

Probé los siguientes *ejercicios de relajación*:
Respiración Relajación muscular
Meditación Visualización

Me sentí muy: QUERIDA ASUSTADA FELIZ TRISTE EMOCIONADA MOLESTA
Específicamente: ____________________

DÍA: ______________________

Dormí ____________ horas.
Calidad: buena regular mala

Probé los siguientes *ejercicios de relajación*:
Respiración Relajación muscular
Meditación Visualización

Me sentí muy: QUERIDA ASUSTADA FELIZ TRISTE EMOCIONADA MOLESTA
Específicamente: ____________________

DÍA: ______________________

Dormí ____________ horas.
Calidad: buena regular mala

Probé los siguientes *ejercicios de relajación*:
Respiración Relajación muscular
Meditación Visualización

Me sentí muy: QUERIDA ASUSTADA FELIZ TRISTE EMOCIONADA MOLESTA
Específicamente: ____________________

DÍA: ____________________

Dormí ____________ horas.
Calidad: buena regular mala

Probé los siguientes *ejercicios de relajación*:
Respiración Relajación muscular
Meditación Visualización

Me sentí muy: QUERIDA ASUSTADA FELIZ TRISTE EMOCIONADA MOLESTA
Específicamente: ____________________

DÍA:

Dormí ____________ horas.
Calidad: buena regular mala

Probé los siguientes *ejercicios de relajación*:
Respiración Relajación muscular
Meditación Visualización

Me sentí muy: QUERIDA ASUSTADA FELIZ TRISTE EMOCIONADA MOLESTA
Específicamente: ____________________

MONITOR DIARIO: SENTIMIENTOS II

DÍA: ______________________

Dormí ____________ horas.
Calidad: buena regular mala

Probé los siguientes *ejercicios de relajación*:
Respiración Relajación muscular
Meditación Visualización

Me sentí muy: QUERIDA ASUSTADA FELIZ TRISTE EMOCIONADA MOLESTA
Específicamente: ____________________
Nivel de ira más alto actualmente: 1 2 3 4 5 6 7 8 9 10
Me di cuenta de que estaba furioso antes de "estallar" sí no N/A
¿Con quién?
¿Con qué? ____________________ Lo que hice: ____________________
Éxito: Lo que hice (me dije) para no pasar al siguiente nivel:

DÍA: ______________________

Dormí ____________ horas.
Calidad: buena regular mala

Probé los siguientes *ejercicios de relajación*:
Respiración Relajación muscular
Meditación Visualización

Me sentí muy: QUERIDA ASUSTADA FELIZ TRISTE EMOCIONADA MOLESTA
Específicamente: ____________________
Nivel de ira más alto actualmente: 1 2 3 4 5 6 7 8 9 10
Me di cuenta de que estaba furioso antes de "estallar" sí no N/A
¿Con quién?
¿Con qué? ____________________ Lo que hice: ____________________
Éxito: Lo que hice (me dije) para no pasar al siguiente nivel:

DÍA: ________________________________

Dormí ________________ horas.
Calidad: buena regular mala

Probé los siguientes *ejercicios de relajación*:
Respiración Relajación muscular
Meditación Visualización

Me sentí muy: QUERIDA ASUSTADA FELIZ TRISTE EMOCIONADA MOLESTA
Específicamente: ____________________________
Nivel de ira más alto actualmente: 1 2 3 4 5 6 7 8 9 10
Me di cuenta de que estaba furioso antes de "estallar" sí no N/A
¿Con quién?
¿Con qué? ____________________________ Lo que hice: ____________________________
Éxito: Lo que hice (me dije) para no pasar al siguiente nivel:

DÍA: ________________________________

Dormí ________________ horas.
Calidad: buena regular mala

Probé los siguientes *ejercicios de relajación*:
Respiración Relajación muscular
Meditación Visualización

Me sentí muy: QUERIDA ASUSTADA FELIZ TRISTE EMOCIONADA MOLESTA
Específicamente: ____________________________
Nivel de ira más alto actualmente: 1 2 3 4 5 6 7 8 9 10
Me di cuenta de que estaba furioso antes de "estallar" sí no N/A
¿Con quién?
¿Con qué? ____________________________ Lo que hice: ____________________________
Éxito: Lo que hice (me dije) para no pasar al siguiente nivel:

MONITOR DIARIO: SENTIMIENTOS II

DÍA: ______________________

Dormí ____________ horas.
Calidad: buena regular mala

Probé los siguientes *ejercicios de relajación*:
Respiración Relajación muscular
Meditación Visualización

Me sentí muy: QUERIDA ASUSTADA FELIZ TRISTE EMOCIONADA MOLESTA
Específicamente: ____________________
Nivel de ira más alto actualmente: 1 2 3 4 5 6 7 8 9 10
Me di cuenta de que estaba furioso antes de "estallar" sí no N/A
¿Con quién?
¿Con qué? ____________________ Lo que hice: ____________________
Éxito: Lo que hice (me dije) para no pasar al siguiente nivel:

DÍA: ______________________

Dormí ____________ horas.
Calidad: buena regular mala

Probé los siguientes *ejercicios de relajación*:
Respiración Relajación muscular
Meditación Visualización

Me sentí muy: QUERIDA ASUSTADA FELIZ TRISTE EMOCIONADA MOLESTA
Específicamente: ____________________
Nivel de ira más alto actualmente: 1 2 3 4 5 6 7 8 9 10
Me di cuenta de que estaba furioso antes de "estallar" sí no N/A
¿Con quién?
¿Con qué? ____________________ Lo que hice: ____________________
Éxito: Lo que hice (me dije) para no pasar al siguiente nivel:

DÍA: ______________________

Dormí __________ horas.
Calidad: buena regular mala

Probé los siguientes *ejercicios de relajación*:
Respiración Relajación muscular
Meditación Visualización

Me sentí muy: QUERIDA ASUSTADA FELIZ TRISTE EMOCIONADA MOLESTA
Específicamente: ______________
Nivel de ira más alto actualmente: 1 2 3 4 5 6 7 8 9 10
Me di cuenta de que estaba furioso antes de "estallar" sí no N/A
¿Con quién?
¿Con qué? ______________ Lo que hice: ______________
Éxito: Lo que hice (me dije) para no pasar al siguiente nivel:

DÍA: ______________________

Dormí __________ horas.
Calidad: buena regular mala

Probé los siguientes *ejercicios de relajación*:
Respiración Relajación muscular
Meditación Visualización

Me sentí muy: QUERIDA ASUSTADA FELIZ TRISTE EMOCIONADA MOLESTA
Específicamente: ______________
Nivel de ira más alto actualmente: 1 2 3 4 5 6 7 8 9 10
Me di cuenta de que estaba furioso antes de "estallar" sí no N/A
¿Con quién?
¿Con qué? ______________ Lo que hice: ______________
Éxito: Lo que hice (me dije) para no pasar al siguiente nivel:

MONITOR DIARIO: SENTIMIENTOS II

DÍA: ____________________

Dormí __________ horas.
Calidad: buena regular mala

Probé los siguientes *ejercicios de relajación*:
Respiración Relajación muscular
Meditación Visualización

Me sentí muy: QUERIDA ASUSTADA FELIZ TRISTE EMOCIONADA MOLESTA
Específicamente: ____________________
Nivel de ira más alto actualmente: 1 2 3 4 5 6 7 8 9 10
Me di cuenta de que estaba furioso antes de "estallar" sí no N/A
¿Con quién?
¿Con qué? ____________________ Lo que hice: ____________________
Éxito: Lo que hice (me dije) para no pasar al siguiente nivel:

DÍA: ____________________

Dormí __________ horas.
Calidad: buena regular mala

Probé los siguientes *ejercicios de relajación*:
Respiración Relajación muscular
Meditación Visualización

Me sentí muy: QUERIDA ASUSTADA FELIZ TRISTE EMOCIONADA MOLESTA
Específicamente: ____________________
Nivel de ira más alto actualmente: 1 2 3 4 5 6 7 8 9 10
Me di cuenta de que estaba furioso antes de "estallar" sí no N/A
¿Con quién?
¿Con qué? ____________________ Lo que hice: ____________________
Éxito: Lo que hice (me dije) para no pasar al siguiente nivel:

DÍA: ______________________

Dormí ____________ horas.
Calidad: buena regular mala

Probé los siguientes *ejercicios de relajación*:
Respiración Relajación muscular
Meditación Visualización

Me sentí muy: QUERIDA ASUSTADA FELIZ TRISTE EMOCIONADA MOLESTA
Específicamente: ______________________
Nivel de ira más alto actualmente: 1 2 3 4 5 6 7 8 9 10
Me di cuenta de que estaba furioso antes de "estallar" sí no N/A
¿Con quién?
¿Con qué? ______________________ Lo que hice: ______________________
Éxito: Lo que hice (me dije) para no pasar al siguiente nivel:

DÍA: ______________________

Dormí ____________ horas.
Calidad: buena regular mala

Probé los siguientes *ejercicios de relajación*:
Respiración Relajación muscular
Meditación Visualización

Me sentí muy: QUERIDA ASUSTADA FELIZ TRISTE EMOCIONADA MOLESTA
Específicamente: ______________________
Nivel de ira más alto actualmente: 1 2 3 4 5 6 7 8 9 10
Me di cuenta de que estaba furioso antes de "estallar" sí no N/A
¿Con quién?
¿Con qué? ______________________ Lo que hice: ______________________
Éxito: Lo que hice (me dije) para no pasar al siguiente nivel:

MONITOR DIARIO: GRATITUD Y AGRADECIMIENTO

DÍA: ____________________

Dormí ____________ horas.
Calidad: buena regular mala

Probé los siguientes *ejercicios de relajación*:
Respiración Relajación muscular
Meditación Visualización

Hoy me siento agradecido/a por ____________________. Y se lo dije a ____________________.
Hoy he expresado *gratitud/aprecio* por:
Cónyuge/pareja ____________________ Hijo(s) ____________________
Otros ____________________
Por (especifica) ____________________

DÍA:

Dormí ____________ horas.
Calidad: buena regular mala

Probé los siguientes *ejercicios de relajación*:
Respiración Relajación muscular
Meditación Visualización

Hoy me siento agradecido/a por ____________________. Y se lo dije a ____________________.
Hoy he expresado *gratitud/aprecio* por:
Cónyuge/pareja ____________________ Hijo(s) ____________________
Otros ____________________
Por (especifica) ____________________

DÍA: ______________________

Dormí ____________ horas.
Calidad: buena regular mala

Probé los siguientes *ejercicios de relajación*:
Respiración Relajación muscular
Meditación Visualización

Hoy me siento agradecido/a por ____________________. Y se lo dije a ____________________.
Hoy he expresado *gratitud/aprecio* por:
Cónyuge/pareja ____________________ Hijo(s) ____________________
Otros ____________________
Por (especifica) ____________________

DÍA: ______________________

Dormí ____________ horas.
Calidad: buena regular mala

Probé los siguientes *ejercicios de relajación*:
Respiración Relajación muscular
Meditación Visualización

Hoy me siento agradecido/a por ____________________. Y se lo dije a ____________________.
Hoy he expresado *gratitud/aprecio* por:
Cónyuge/pareja ____________________ Hijo(s) ____________________
Otros ____________________
Por (especifica) ____________________

MONITOR DIARIO: IDENTIFICANDO "MIS" BOLITAS ROSAS

Evento:

¿Qué HIZO o DIJO tu pareja (u otra persona o cosa) que desencadenó **tu ira** (tus bolitas rosas)?

____

____

Respuesta:

¿Cómo respondiste? (circula todo lo que corresponda)

Lo hablé   Me reprimí   Me molesté (verbal y/o físicamente)

Me calmé (respirando, meditando, hablando con alguien)

Me tomé una pausa y lo discutí   Otro ______________________

____

Resultado:

¿Cuál es la situación actual?   ¿Resuelto?   ¿Cómo se resolvió? ____________________

¿Todavía hay que discutirlo?   ¿Cuándo o dónde tendrá lugar esta discusión?   Fecha ______

Aún no está resuelto y me sigue molestando.	Sí	No
Aún no se ha resuelto y a la otra persona le sigue molestando.	Sí	No
¿Es una bolita ROSA en la que tienes que pensar?	Sí	No

Identifica tu sentimiento PRINCIPAL si puedes:

____

Evento:

¿Qué HIZO o DIJO tu pareja (u otra persona o cosa) que desencadenó **tu ira** (tus bolitas rosas)?

___

___

Respuesta:

¿Cómo respondiste? (Circula todo lo que corresponda)

Lo hablé Me reprimí Me molesté (verbal y/o físicamente)

Me calmé (respirando, meditando, hablando con alguien)

Me tomé una pausa y lo discutí Otro ______

___

Resultado:

¿Cuál es la situación actual? ¿Resuelto? ¿Cómo se resolvió? ______

¿Todavía hay que discutirlo? ¿Cuándo o dónde tendrá lugar esta discusión? Fecha ______

Aún no está resuelto y me sigue molestando. Sí No

Aún no se ha resuelto y a la otra persona le sigue molestando. Sí No

¿Es una bolita ROSA en la que tienes que pensar? Sí No

Identifica tu sentimiento PRINCIPAL si puedes: ______

___

MONITOR DIARIO: IDENTIFICANDO "MIS" BOLITAS ROSAS

Evento:

¿Qué HIZO o DIJO tu pareja (u otra persona o cosa) que desencadenó **tu ira** (tus bolitas rosas)?

____

____

Respuesta:

¿Cómo respondiste? (Circula todo lo que corresponda)

Lo hablé   Me reprimí   Me molesté (verbal y/o físicamente)

Me calmé (respirando, meditando, hablando con alguien)

Me tomé una pausa y lo discutí   Otro ______________________

____

Resultado:

¿Cuál es la situación actual?   ¿Resuelto?   ¿Cómo se resolvió? ______________________

¿Todavía hay que discutirlo?   ¿Cuándo o dónde tendrá lugar esta discusión?   Fecha ________

Aún no está resuelto y me sigue molestando.	Sí	No
Aún no se ha resuelto y a la otra persona le sigue molestando.	Sí	No
¿Es una bolita ROSA en la que tienes que pensar?	Sí	No

Identifica tu sentimiento PRINCIPAL si puedes:

____

Evento:

¿Qué HIZO o DIJO tu pareja (u otra persona o cosa) que desencadenó **tu ira** (tus bolitas rosas)?

____

____

Respuesta:

¿Cómo respondiste? (Circula todo lo que corresponda)

Lo hablé Me reprimí Me molesté (verbal y/o físicamente)

Me calmé (respirando, meditando, hablando con alguien)

Me tomé una pausa y lo discutí Otro ______________________

____

Resultado:

¿Cuál es la situación actual? ¿Resuelto? ¿Cómo se resolvió? ______________________

¿Todavía hay que discutirlo? ¿Cuándo o dónde tendrá lugar esta discusión? Fecha ________

Aún no está resuelto y me sigue molestando. Sí No

Aún no se ha resuelto y a la otra persona le sigue molestando. Sí No

¿Es una bolita ROSA en la que tienes que pensar? Sí No

Identifica tu sentimiento PRINCIPAL si puedes: ______________________

____

MONITOR DIARIO: IDENTIFICANDO "MIS" BOLITAS ROSAS

Evento:

¿Qué HIZO o DIJO tu pareja (u otra persona o cosa) que desencadenó **tu ira** (tus bolitas rosas)?

____

____

Respuesta:

¿Cómo respondiste? (Circula todo lo que corresponda)

Lo hablé   Me reprimí   Me molesté (verbal y/o físicamente)

Me calmé (respirando, meditando, hablando con alguien)

Me tomé una pausa y lo discutí   Otro ______________

____

Resultado:

¿Cuál es la situación actual?   ¿Resuelto?   ¿Cómo se resolvió? ______________

¿Todavía hay que discutirlo?   ¿Cuándo o dónde tendrá lugar esta discusión?   Fecha ________

Aún no está resuelto y me sigue molestando.   Sí   No

Aún no se ha resuelto y a la otra persona le sigue molestando.   Sí   No

¿Es una bolita ROSA en la que tienes que pensar?   Sí   No

Identifica tu sentimiento PRINCIPAL si puedes:

____

Evento:

¿Qué HIZO o DIJO tu pareja (u otra persona o cosa) que desencadenó **tu ira** (tus bolitas rosas)?

____

____

Respuesta:

¿Cómo respondiste? (Circula todo lo que corresponda)

Lo hablé   Me reprimí   Me molesté (verbal y/o físicamente)

Me calmé (respirando, meditando, hablando con alguien)

Me tomé una pausa y lo discutí   Otro ______________________

____

Resultado:

¿Cuál es la situación actual?   ¿Resuelto?   ¿Cómo se resolvió? ______________________

¿Todavía hay que discutirlo?   ¿Cuándo o dónde tendrá lugar esta discusión?   Fecha __________

Aún no está resuelto y me sigue molestando.   Sí   No

Aún no se ha resuelto y a la otra persona le sigue molestando.   Sí   No

¿Es una bolita ROSA en la que tienes que pensar?   Sí   No

Identifica tu sentimiento PRINCIPAL si puedes: ______________________________

____

MONITOR DIARIO: IDENTIFICANDO "MIS" BOLITAS ROSAS

Evento:

¿Qué HIZO o DIJO tu pareja (u otra persona o cosa) que desencadenó **tu ira** (tus bolitas rosas)?

___

___

Respuesta:

¿Cómo respondiste? (Circula todo lo que corresponda)

Lo hablé   Me reprimí   Me molesté (verbal y/o físicamente)

Me calmé (respirando, meditando, hablando con alguien)

Me tomé una pausa y lo discutí   Otro ___

___

Resultado:

¿Cuál es la situación actual?   ¿Resuelto?   ¿Cómo se resolvió? ___

¿Todavía hay que discutirlo?   ¿Cuándo o dónde tendrá lugar esta discusión?   Fecha ___

Aún no está resuelto y me sigue molestando.   Sí   No

Aún no se ha resuelto y a la otra persona le sigue molestando.   Sí   No

¿Es una bolita ROSA en la que tienes que pensar?   Sí   No

Identifica tu sentimiento PRINCIPAL si puedes:

___

Evento:

¿Qué HIZO o DIJO tu pareja (u otra persona o cosa) que desencadenó **tu ira** (tus bolitas rosas)?

Respuesta:

¿Cómo respondiste? (Circula todo lo que corresponda)

Lo hablé Me reprimí Me molesté (verbal y/o físicamente)

Me calmé (respirando, meditando, hablando con alguien)

Me tomé una pausa y lo discutí Otro ____________

Resultado:

¿Cuál es la situación actual? ¿Resuelto? ¿Cómo se resolvió? ____________

¿Todavía hay que discutirlo? ¿Cuándo o dónde tendrá lugar esta discusión? Fecha ________

Aún no está resuelto y me sigue molestando.	Sí	No
Aún no se ha resuelto y a la otra persona le sigue molestando.	Sí	No
¿Es una bolita ROSA en la que tienes que pensar?	Sí	No

Identifica tu sentimiento PRINCIPAL si puedes: ____________

MONITOR DIARIO: LOS COMPORTAMIENTOS DEL AMOR

DÍA: ______________________________

Dormí ______________ horas.
Calidad: buena regular mala

Probé los siguientes *ejercicios de relajación*:
Respiración Relajación muscular
Meditación Visualización

Hoy he practicado los siguientes comportamientos con mi pareja y/o mis hijos:
paciencia amabilidad (consideración) no envidié ni presumí no fui grosera
consideré sus necesidades por encima de las mías no saqué a relucir el pasado
creí en la verdad creí en lo mejor
La prueba de este comportamiento fue:
____

DÍA: ______________________________

Dormí ______________ horas.
Calidad: buena regular mala

Probé los siguientes *ejercicios de relajación*:
Respiración Relajación muscular
Meditación Visualización

Hoy he practicado los siguientes comportamientos con mi pareja y/o mis hijos:
paciencia amabilidad (consideración) no envidié ni presumí no fui grosera
consideré sus necesidades por encima de las mías no saqué a relucir el pasado
creí en la verdad creí en lo mejor
La prueba de este comportamiento fue:
____

DÍA: ______________________

Dormí ____________ horas.
Calidad: buena regular mala

Probé los siguientes *ejercicios de relajación*:
Respiración Relajación muscular
Meditación Visualización

Hoy he practicado los siguientes comportamientos con mi pareja y/o mis hijos:
paciencia amabilidad (consideración) no envidié ni presumí no fui grosera
consideré sus necesidades por encima de las mías no saqué a relucir el pasado
creí en la verdad creí en lo mejor
La prueba de este comportamiento fue:
____

DÍA: ______________________

Dormí ____________ horas.
Calidad: buena regular mala

Probé los siguientes *ejercicios de relajación*:
Respiración Relajación muscular
Meditación Visualización

Hoy he practicado los siguientes comportamientos con mi pareja y/o mis hijos:
paciencia amabilidad (consideración) no envidié ni presumí no fui grosera
consideré sus necesidades por encima de las mías no saqué a relucir el pasado
creí en la verdad creí en lo mejor
La prueba de este comportamiento fue:
____

Lo que aprendí sobre mí misma haciendo este ejercicio fue:
____

En mi opinión, este ejercicio fue:
Difícil Fácil Algo que necesito practicar más

MONITOR DIARIO: LOS COMPORTAMIENTOS DEL AMOR

DÍA: ______________________

Dormí ____________ horas.
Calidad: buena regular mala

Probé los siguientes *ejercicios de relajación*:
Respiración Relajación muscular
Meditación Visualización

Hoy he practicado los siguientes comportamientos con mi pareja y/o mis hijos:
paciencia amabilidad (consideración) no envidié ni presumí no fui grosera
consideré sus necesidades por encima de las mías no saqué a relucir el pasado
creí en la verdad creí en lo mejor
La prueba de este comportamiento fue:
____

DÍA: ______________________

Dormí ____________ horas.
Calidad: buena regular mala

Probé los siguientes *ejercicios de relajación*:
Respiración Relajación muscular
Meditación Visualización

Hoy he practicado los siguientes comportamientos con mi pareja y/o mis hijos:
paciencia amabilidad (consideración) no envidié ni presumí no fui grosera
consideré sus necesidades por encima de las mías no saqué a relucir el pasado
creí en la verdad creí en lo mejor
La prueba de este comportamiento fue:
____

DÍA: ______________________

Dormí ____________ horas.
Calidad: buena regular mala

Probé los siguientes *ejercicios de relajación*:
Respiración Relajación muscular
Meditación Visualización

Hoy he practicado los siguientes comportamientos con mi pareja y/o mis hijos:
paciencia amabilidad (consideración) no envidié ni presumí no fui grosera
consideré sus necesidades por encima de las mías no saqué a relucir el pasado
creí en la verdad creí en lo mejor
La prueba de este comportamiento fue:
____

DÍA: ______________________

Dormí ____________ horas.
Calidad: buena regular mala

Probé los siguientes *ejercicios de relajación*:
Respiración Relajación muscular
Meditación Visualización

Hoy he practicado los siguientes comportamientos con mi pareja y/o mis hijos:
paciencia amabilidad (consideración) no envidié ni presumí no fui grosera
consideré sus necesidades por encima de las mías no saqué a relucir el pasado
creí en la verdad creí en lo mejor
La prueba de este comportamiento fue:
____

Lo que aprendí sobre mí misma haciendo este ejercicio fue:
____

En mi opinión, este ejercicio fue:
Difícil Fácil Algo que necesito practicar más

MONITOR DIARIO: LOS COMPORTAMIENTOS DEL AMOR

DÍA: ______________________

Dormí ____________ horas.
Calidad: buena regular mala

Probé los siguientes *ejercicios de relajación*:
Respiración Relajación muscular
Meditación Visualización

Hoy he practicado los siguientes comportamientos con mi pareja y/o mis hijos:
paciencia amabilidad (consideración) no envidié ni presumí no fui grosera
consideré sus necesidades por encima de las mías no saqué a relucir el pasado
creí en la verdad creí en lo mejor
La prueba de este comportamiento fue:
____

DÍA: ______________________

Dormí ____________ horas.
Calidad: buena regular mala

Probé los siguientes *ejercicios de relajación*:
Respiración Relajación muscular
Meditación Visualización

Hoy he practicado los siguientes comportamientos con mi pareja y/o mis hijos:
paciencia amabilidad (consideración) no envidié ni presumí no fui grosera
consideré sus necesidades por encima de las mías no saqué a relucir el pasado
creí en la verdad creí en lo mejor
La prueba de este comportamiento fue:
____

DÍA: ______________________________

Dormí ______________ horas.
Calidad: buena regular mala

Probé los siguientes *ejercicios de relajación*:
Respiración Relajación muscular
Meditación Visualización

Hoy he practicado los siguientes comportamientos con mi pareja y/o mis hijos:
paciencia amabilidad (consideración) no envidié ni presumí no fui grosera
consideré sus necesidades por encima de las mías no saqué a relucir el pasado
creí en la verdad creí en lo mejor
La prueba de este comportamiento fue:
____

DÍA: ______________________________

Dormí ______________ horas.
Calidad: buena regular mala

Probé los siguientes *ejercicios de relajación*:
Respiración Relajación muscular
Meditación Visualización

Hoy he practicado los siguientes comportamientos con mi pareja y/o mis hijos:
paciencia amabilidad (consideración) no envidié ni presumí no fui grosera
consideré sus necesidades por encima de las mías no saqué a relucir el pasado
creí en la verdad creí en lo mejor
La prueba de este comportamiento fue:
____

Lo que aprendí sobre mí misma haciendo este ejercicio fue:
____

En mi opinión, este ejercicio fue:
Difícil Fácil Algo que necesito practicar más

MONITOR DIARIO: LOS COMPORTAMIENTOS DEL AMOR

DÍA: ______________________________

Dormí _______________ horas.
Calidad: buena regular mala

Probé los siguientes *ejercicios de relajación*:
Respiración Relajación muscular
Meditación Visualización

Hoy he practicado los siguientes comportamientos con mi pareja y/o mis hijos:
paciencia amabilidad (consideración) no envidié ni presumí no fui grosera
consideré sus necesidades por encima de las mías no saqué a relucir el pasado
creí en la verdad creí en lo mejor
La prueba de este comportamiento fue:
____

DÍA: ______________________________

Dormí _______________ horas.
Calidad: buena regular mala

Probé los siguientes *ejercicios de relajación*:
Respiración Relajación muscular
Meditación Visualización

Hoy he practicado los siguientes comportamientos con mi pareja y/o mis hijos:
paciencia amabilidad (consideración) no envidié ni presumí no fui grosera
consideré sus necesidades por encima de las mías no saqué a relucir el pasado
creí en la verdad creí en lo mejor
La prueba de este comportamiento fue:
____

DÍA: ____________________

Dormí __________ horas.
Calidad: buena regular mala

Probé los siguientes *ejercicios de relajación*:
Respiración Relajación muscular
Meditación Visualización

Hoy he practicado los siguientes comportamientos con mi pareja y/o mis hijos:
paciencia amabilidad (consideración) no envidié ni presumí no fui grosera
consideré sus necesidades por encima de las mías no saqué a relucir el pasado
creí en la verdad creí en lo mejor
La prueba de este comportamiento fue:
____

DÍA: ____________________

Dormí __________ horas.
Calidad: buena regular mala

Probé los siguientes *ejercicios de relajación*:
Respiración Relajación muscular
Meditación Visualización

Hoy he practicado los siguientes comportamientos con mi pareja y/o mis hijos:
paciencia amabilidad (consideración) no envidié ni presumí no fui grosera
consideré sus necesidades por encima de las mías no saqué a relucir el pasado
creí en la verdad creí en lo mejor
La prueba de este comportamiento fue:
____

Lo que aprendí sobre mí misma haciendo este ejercicio fue:
____

En mi opinión, este ejercicio fue:
Difícil Fácil Algo que necesito practicar más

MONITOR DIARIO: LOS COMPORTAMIENTOS DEL AMOR

DÍA: ____________________

Dormí __________ horas.
Calidad: buena regular mala

Probé los siguientes *ejercicios de relajación*:
Respiración Relajación muscular
Meditación Visualización

Hoy he practicado los siguientes comportamientos con mi pareja y/o mis hijos:
paciencia amabilidad (consideración) no envidié ni presumí no fui grosera
consideré sus necesidades por encima de las mías no saqué a relucir el pasado
creí en la verdad creí en lo mejor
La prueba de este comportamiento fue:
____

DÍA: ____________________

Dormí __________ horas.
Calidad: buena regular mala

Probé los siguientes *ejercicios de relajación*:
Respiración Relajación muscular
Meditación Visualización

Hoy he practicado los siguientes comportamientos con mi pareja y/o mis hijos:
paciencia amabilidad (consideración) no envidié ni presumí no fui grosera
consideré sus necesidades por encima de las mías no saqué a relucir el pasado
creí en la verdad creí en lo mejor
La prueba de este comportamiento fue:
____

DÍA: ______________________

Dormí ____________ horas.
Calidad: buena regular mala

Probé los siguientes *ejercicios de relajación*:
Respiración Relajación muscular
Meditación Visualización

Hoy he practicado los siguientes comportamientos con mi pareja y/o mis hijos:
paciencia amabilidad (consideración) no envidié ni presumí no fui grosera
consideré sus necesidades por encima de las mías no saqué a relucir el pasado
creí en la verdad creí en lo mejor
La prueba de este comportamiento fue:
____

DÍA: ______________________

Dormí ____________ horas.
Calidad: buena regular mala

Probé los siguientes *ejercicios de relajación*:
Respiración Relajación muscular
Meditación Visualización

Hoy he practicado los siguientes comportamientos con mi pareja y/o mis hijos:
paciencia amabilidad (consideración) no envidié ni presumí no fui grosera
consideré sus necesidades por encima de las mías no saqué a relucir el pasado
creí en la verdad creí en lo mejor
La prueba de este comportamiento fue:
____

Lo que aprendí sobre mí misma haciendo este ejercicio fue:
____

En mi opinión, este ejercicio fue:
Difícil Fácil Algo que necesito practicar más

MONITOR DIARIO: LOS COMPORTAMIENTOS DEL AMOR

DÍA: ______________________

Dormí ____________ horas.
Calidad: buena regular mala

Probé los siguientes *ejercicios de relajación*:
Respiración Relajación muscular
Meditación Visualización

Hoy he practicado los siguientes comportamientos con mi pareja y/o mis hijos:
paciencia amabilidad (consideración) no envidié ni presumí no fui grosera
consideré sus necesidades por encima de las mías no saqué a relucir el pasado
creí en la verdad creí en lo mejor
La prueba de este comportamiento fue:
____

DÍA: ______________________

Dormí ____________ horas.
Calidad: buena regular mala

Probé los siguientes *ejercicios de relajación*:
Respiración Relajación muscular
Meditación Visualización

Hoy he practicado los siguientes comportamientos con mi pareja y/o mis hijos:
paciencia amabilidad (consideración) no envidié ni presumí no fui grosera
consideré sus necesidades por encima de las mías no saqué a relucir el pasado
creí en la verdad creí en lo mejor
La prueba de este comportamiento fue:
____

DÍA: ______________________________

Dormí ______________ horas.
Calidad: buena regular mala

Probé los siguientes *ejercicios de relajación*:
Respiración Relajación muscular
Meditación Visualización

Hoy he practicado los siguientes comportamientos con mi pareja y/o mis hijos:
paciencia amabilidad (consideración) no envidié ni presumí no fui grosera
consideré sus necesidades por encima de las mías no saqué a relucir el pasado
creí en la verdad creí en lo mejor
La prueba de este comportamiento fue:
____

DÍA: ______________________________

Dormí ______________ horas.
Calidad: buena regular mala

Probé los siguientes *ejercicios de relajación*:
Respiración Relajación muscular
Meditación Visualización

Hoy he practicado los siguientes comportamientos con mi pareja y/o mis hijos:
paciencia amabilidad (consideración) no envidié ni presumí no fui grosera
consideré sus necesidades por encima de las mías no saqué a relucir el pasado
creí en la verdad creí en lo mejor
La prueba de este comportamiento fue:
____

Lo que aprendí sobre mí misma haciendo este ejercicio fue:
____

En mi opinión, este ejercicio fue:
Difícil Fácil Algo que necesito practicar más

MONITOR DIARIO: PENSAMIENTOS DE SUSTITUCIÓN/REVALORIZACIONES

DÍA: ______________________

Dormí ____________ horas.
Calidad: buena regular mala

Probé los siguientes *ejercicios de relajación*:
Respiración Relajación muscular
Meditación Visualización

Hoy he tenido un pensamiento negativo sobre ______________ que era ______________
He sustituido este pensamiento negativo diciéndome a mí misma:

____

____

Algo que noté y sobre lo que emití un juicio antes de analizarlo:

____

Luego me dije a mí misma:

____

DÍA: ______________________

Dormí ____________ horas.
Calidad: buena regular mala

Probé los siguientes *ejercicios de relajación*:
Respiración Relajación muscular
Meditación Visualización

Hoy he tenido un pensamiento negativo sobre ______________ que era ______________
He sustituido este pensamiento negativo diciéndome a mí misma:

____

____

Algo que noté y sobre lo que emití un juicio antes de analizarlo:

____

Luego me dije a mí misma:

____

DÍA: ______________________

Dormí ______________ horas.
Calidad: buena regular mala

Probé los siguientes *ejercicios de relajación*:
Respiración Relajación muscular
Meditación Visualización

Hoy he tenido un pensamiento negativo sobre ______________ que era ______________
He sustituido este pensamiento negativo diciéndome a mí misma:

____

____

Algo que noté y sobre lo que emití un juicio antes de analizarlo:

____

Luego me dije a mí misma:

____

DÍA: ______________________

Dormí ______________ horas.
Calidad: buena regular mala

Probé los siguientes *ejercicios de relajación*:
Respiración Relajación muscular
Meditación Visualización

Hoy he tenido un pensamiento negativo sobre ______________ que era ______________
He sustituido este pensamiento negativo diciéndome a mí misma:

____

____

Algo que noté y sobre lo que emití un juicio antes de analizarlo:

____

Luego me dije a mí misma:

____

Lo que aprendí sobre mí misma haciendo este ejercicio fue:

____

En mi opinión, este ejercicio fue:
Difícil Fácil Algo que necesito practicar más No me gustó

MONITOR DIARIO: PENSAMIENTOS DE SUSTITUCIÓN/REVALORIZACIONES

DÍA: ______________________

Dormí ______________ horas.
Calidad: buena regular mala

Probé los siguientes *ejercicios de relajación*:
Respiración Relajación muscular
Meditación Visualización

Hoy he tenido un pensamiento negativo sobre ______________ que era ______________
He sustituido este pensamiento negativo diciéndome a mí misma:
____
____

Algo que noté y sobre lo que emití un juicio antes de analizarlo:
____

Luego me dije a mí misma:
____

DÍA: ______________________

Dormí ______________ horas.
Calidad: buena regular mala

Probé los siguientes *ejercicios de relajación*:
Respiración Relajación muscular
Meditación Visualización

Hoy he tenido un pensamiento negativo sobre ______________ que era ______________
He sustituido este pensamiento negativo diciéndome a mí misma:
____
____

Algo que noté y sobre lo que emití un juicio antes de analizarlo:
____

Luego me dije a mí misma:
____

DÍA: ______________________

Dormí ____________ horas.
Calidad: buena regular mala

Probé los siguientes *ejercicios de relajación*:
Respiración Relajación muscular
Meditación Visualización

Hoy he tenido un pensamiento negativo sobre ______________ que era ______________
He sustituido este pensamiento negativo diciéndome a mí misma:
____
____
Algo que noté y sobre lo que emití un juicio antes de analizarlo:
____
Luego me dije a mí misma:
____

DÍA: ______________________

Dormí ____________ horas.
Calidad: buena regular mala

Probé los siguientes *ejercicios de relajación*:
Respiración Relajación muscular
Meditación Visualización

Hoy he tenido un pensamiento negativo sobre ______________ que era ______________
He sustituido este pensamiento negativo diciéndome a mí misma:
____
____
Algo que noté y sobre lo que emití un juicio antes de analizarlo:
____
Luego me dije a mí misma:
____

Lo que aprendí sobre mí misma haciendo este ejercicio fue:
____

En mi opinión, este ejercicio fue:
Difícil Fácil Algo que necesito practicar más No me gustó

MONITOR DIARIO: PENSAMIENTOS DE SUSTITUCIÓN/REVALORIZACIONES

DÍA: ____________________

Dormí __________ horas.
Calidad: buena regular mala

Probé los siguientes *ejercicios de relajación*:
Respiración Relajación muscular
Meditación Visualización

Hoy he tenido un pensamiento negativo sobre __________ que era __________
He sustituido este pensamiento negativo diciéndome a mí misma:
____
____

Algo que noté y sobre lo que emití un juicio antes de analizarlo:
____

Luego me dije a mí misma:
____

DÍA: ____________________

Dormí __________ horas.
Calidad: buena regular mala

Probé los siguientes *ejercicios de relajación*:
Respiración Relajación muscular
Meditación Visualización

Hoy he tenido un pensamiento negativo sobre __________ que era __________
He sustituido este pensamiento negativo diciéndome a mí misma:
____
____

Algo que noté y sobre lo que emití un juicio antes de analizarlo:
____

Luego me dije a mí misma:
____

DÍA: ____________________

Dormí __________ horas.
Calidad: buena regular mala

Probé los siguientes *ejercicios de relajación*:
Respiración Relajación muscular
Meditación Visualización

Hoy he tenido un pensamiento negativo sobre __________ que era __________
He sustituido este pensamiento negativo diciéndome a mí misma:

____

____

Algo que noté y sobre lo que emití un juicio antes de analizarlo:

____

Luego me dije a mí misma:

____

DÍA: ____________________

Dormí __________ horas.
Calidad: buena regular mala

Probé los siguientes *ejercicios de relajación*:
Respiración Relajación muscular
Meditación Visualización

Hoy he tenido un pensamiento negativo sobre __________ que era __________
He sustituido este pensamiento negativo diciéndome a mí misma:

____

____

Algo que noté y sobre lo que emití un juicio antes de analizarlo:

____

Luego me dije a mí misma:

____

Lo que aprendí sobre mí misma haciendo este ejercicio fue:

____

En mi opinión, este ejercicio fue:
Difícil Fácil Algo que necesito practicar más No me gustó

MONITOR DIARIO: PENSAMIENTOS DE SUSTITUCIÓN/REVALORIZACIONES

DÍA: ______________________

Dormí ____________ horas.
Calidad: buena regular mala

Probé los siguientes *ejercicios de relajación*:
Respiración Relajación muscular
Meditación Visualización

Hoy he tenido un pensamiento negativo sobre ______________ que era ______________
He sustituido este pensamiento negativo diciéndome a mí misma:
____
____

Algo que noté y sobre lo que emití un juicio antes de analizarlo:
____

Luego me dije a mí misma:
____

DÍA: ______________________

Dormí ____________ horas.
Calidad: buena regular mala

Probé los siguientes *ejercicios de relajación*:
Respiración Relajación muscular
Meditación Visualización

Hoy he tenido un pensamiento negativo sobre ______________ que era ______________
He sustituido este pensamiento negativo diciéndome a mí misma:
____
____

Algo que noté y sobre lo que emití un juicio antes de analizarlo:
____

Luego me dije a mí misma:
____

DÍA: ____________________

Dormí ____________ horas.
Calidad: buena regular mala

Probé los siguientes *ejercicios de relajación*:
Respiración Relajación muscular
Meditación Visualización

Hoy he tenido un pensamiento negativo sobre ____________ que era ____________
He sustituido este pensamiento negativo diciéndome a mí misma:
____
____
Algo que noté y sobre lo que emití un juicio antes de analizarlo:
____
Luego me dije a mí misma:
____

DÍA: ____________________

Dormí ____________ horas.
Calidad: buena regular mala

Probé los siguientes *ejercicios de relajación*:
Respiración Relajación muscular
Meditación Visualización

Hoy he tenido un pensamiento negativo sobre ____________ que era ____________
He sustituido este pensamiento negativo diciéndome a mí misma:
____
____
Algo que noté y sobre lo que emití un juicio antes de analizarlo:
____
Luego me dije a mí misma:
____

Lo que aprendí sobre mí misma haciendo este ejercicio fue:
____

En mi opinión, este ejercicio fue:
Difícil Fácil Algo que necesito practicar más No me gustó

MONITOR DIARIO: PENSAMIENTOS DE SUSTITUCIÓN/REVALORIZACIONES

DÍA: ______________________

Dormí ____________ horas.
Calidad: buena regular mala

Probé los siguientes *ejercicios de relajación*:
Respiración Relajación muscular
Meditación Visualización

Hoy he tenido un pensamiento negativo sobre ____________ que era ____________
He sustituido este pensamiento negativo diciéndome a mí misma:
____
____

Algo que noté y sobre lo que emití un juicio antes de analizarlo:
____

Luego me dije a mí misma:
____

DÍA: ______________________

Dormí ____________ horas.
Calidad: buena regular mala

Probé los siguientes *ejercicios de relajación*:
Respiración Relajación muscular
Meditación Visualización

Hoy he tenido un pensamiento negativo sobre ____________ que era ____________
He sustituido este pensamiento negativo diciéndome a mí misma:
____
____

Algo que noté y sobre lo que emití un juicio antes de analizarlo:
____

Luego me dije a mí misma:
____

DÍA: ____________________

Dormí ____________ horas.
Calidad: buena regular mala

Probé los siguientes *ejercicios de relajación*:
Respiración Relajación muscular
Meditación Visualización

Hoy he tenido un pensamiento negativo sobre ____________ que era ____________
He sustituido este pensamiento negativo diciéndome a mí misma:
____
____

Algo que noté y sobre lo que emití un juicio antes de analizarlo:
____

Luego me dije a mí misma:
____

DÍA: ____________________

Dormí ____________ horas.
Calidad: buena regular mala

Probé los siguientes *ejercicios de relajación*:
Respiración Relajación muscular
Meditación Visualización

Hoy he tenido un pensamiento negativo sobre ____________ que era ____________
He sustituido este pensamiento negativo diciéndome a mí misma:
____
____

Algo que noté y sobre lo que emití un juicio antes de analizarlo:
____

Luego me dije a mí misma:
____

Lo que aprendí sobre mí misma haciendo este ejercicio fue:
____

En mi opinión, este ejercicio fue:
Difícil Fácil Algo que necesito practicar más No me gustó

MONITOR DIARIO: ENCONTRANDO EL LADO POSITIVO

DÍA: ________________________

Dormí ____________ horas.
Calidad: buena regular mala

Probé los siguientes *ejercicios de relajación*:
Respiración Relajación muscular
Meditación Visualización

Hoy noté las siguientes cosas positivas de mi cónyuge/hijos:

1.
2.
3.
4.

Les dije lo que había notado: Sí No
En caso afirmativo, su reacción fue: ________________

DÍA: ________________________

Dormí ____________ horas.
Calidad: buena regular mala

Probé los siguientes *ejercicios de relajación*:
Respiración Relajación muscular
Meditación Visualización

Hoy noté las siguientes cosas positivas de mi cónyuge/hijos:

1.
2.
3.
4.

Les dije lo que había notado: Sí No
En caso afirmativo, su reacción fue: ________________

DÍA: ______________________

Dormí ____________ horas.
Calidad: buena regular mala

Probé los siguientes *ejercicios de relajación*:
Respiración Relajación muscular
Meditación Visualización

Hoy noté las siguientes cosas positivas de mi cónyuge/hijos:

1.
2.
3.
4.

Les dije lo que había notado: Sí No

En caso afirmativo, su reacción fue: ______________

DÍA: ______________________

Dormí ____________ horas.
Calidad: buena regular mala

Probé los siguientes *ejercicios de relajación*:
Respiración Relajación muscular
Meditación Visualización

Hoy noté las siguientes cosas positivas de mi cónyuge/hijos:

1.
2.
3.
4.

Les dije lo que había notado: Sí No

En caso afirmativo, su reacción fue: ______________

MONITOR DIARIO: ENCONTRANDO EL LADO POSITIVO

DÍA: ______________________

Dormí ______________ horas.
Calidad: buena regular mala

Probé los siguientes *ejercicios de relajación*:
Respiración Relajación muscular
Meditación Visualización

Hoy noté las siguientes cosas positivas de mi cónyuge/hijos:

1.
2.
3.
4.

Les dije lo que había notado: Sí No

En caso afirmativo, su reacción fue: ______________

DÍA: ______________________

Dormí ______________ horas.
Calidad: buena regular mala

Probé los siguientes *ejercicios de relajación*:
Respiración Relajación muscular
Meditación Visualización

Hoy noté las siguientes cosas positivas de mi cónyuge/hijos:

1.
2.
3.
4.

Les dije lo que había notado: Sí No

En caso afirmativo, su reacción fue: ______________

DÍA: ____________________

Dormí ____________ horas.
Calidad: buena regular mala

Probé los siguientes *ejercicios de relajación*:
Respiración Relajación muscular
Meditación Visualización

Hoy noté las siguientes cosas positivas de mi cónyuge/hijos:

1.
2.
3.
4.

Les dije lo que había notado: Sí No

En caso afirmativo, su reacción fue: ____________

DÍA: ____________________

Dormí ____________ horas.
Calidad: buena regular mala

Probé los siguientes *ejercicios de relajación*:
Respiración Relajación muscular
Meditación Visualización

Hoy noté las siguientes cosas positivas de mi cónyuge/hijos:

1.
2.
3.
4.

Les dije lo que había notado: Sí No

En caso afirmativo, su reacción fue: ____________

MONITOR DIARIO: ENCONTRANDO EL LADO POSITIVO

DÍA: ______________________

Dormí ____________ horas.
Calidad: buena regular mala

Probé los siguientes *ejercicios de relajación*:
Respiración Relajación muscular
Meditación Visualización

Hoy noté las siguientes cosas positivas de mi cónyuge/hijos:

1.
2.
3.
4.

Les dije lo que había notado: Sí No
En caso afirmativo, su reacción fue: ______________

DÍA: ______________________

Dormí ____________ horas.
Calidad: buena regular mala

Probé los siguientes *ejercicios de relajación*:
Respiración Relajación muscular
Meditación Visualización

Hoy noté las siguientes cosas positivas de mi cónyuge/hijos:

1.
2.
3.
4.

Les dije lo que había notado: Sí No
En caso afirmativo, su reacción fue: ______________

DÍA: ______________________________

Dormí ______________ horas.
Calidad: buena regular mala

Probé los siguientes *ejercicios de relajación*:
Respiración Relajación muscular
Meditación Visualización

Hoy noté las siguientes cosas positivas de mi cónyuge/hijos:

1.
2.
3.
4.

Les dije lo que había notado: Sí No

En caso afirmativo, su reacción fue: ____________________

DÍA: ______________________________

Dormí ______________ horas.
Calidad: buena regular mala

Probé los siguientes *ejercicios de relajación*:
Respiración Relajación muscular
Meditación Visualización

Hoy noté las siguientes cosas positivas de mi cónyuge/hijos:

1.
2.
3.
4.

Les dije lo que había notado: Sí No

En caso afirmativo, su reacción fue: ____________________

MONITOR DIARIO: ENCONTRANDO EL LADO POSITIVO

DÍA: ____________________

Dormí ____________ horas.
Calidad: buena regular mala

Probé los siguientes *ejercicios de relajación*:
Respiración Relajación muscular
Meditación Visualización

Hoy noté las siguientes cosas positivas de mi cónyuge/hijos:

1.
2.
3.
4.

Les dije lo que había notado: Sí No
En caso afirmativo, su reacción fue: ____________________

DÍA: ____________________

Dormí ____________ horas.
Calidad: buena regular mala

Probé los siguientes *ejercicios de relajación*:
Respiración Relajación muscular
Meditación Visualización

Hoy noté las siguientes cosas positivas de mi cónyuge/hijos:

1.
2.
3.
4.

Les dije lo que había notado: Sí No
En caso afirmativo, su reacción fue: ____________________

DÍA: ______________________

Dormí ____________ horas.
Calidad: buena regular mala

Probé los siguientes *ejercicios de relajación*:
Respiración Relajación muscular
Meditación Visualización

Hoy noté las siguientes cosas positivas de mi cónyuge/hijos:

1.
2.
3.
4.

Les dije lo que había notado: Sí No

En caso afirmativo, su reacción fue: ______________

DÍA: ______________________

Dormí ____________ horas.
Calidad: buena regular mala

Probé los siguientes *ejercicios de relajación*:
Respiración Relajación muscular
Meditación Visualización

Hoy noté las siguientes cosas positivas de mi cónyuge/hijos:

1.
2.
3.
4.

Les dije lo que había notado: Sí No

En caso afirmativo, su reacción fue: ______________

MONITOR DIARIO: ENCONTRANDO EL LADO POSITIVO

DÍA: ______________________

Dormí ____________ horas.
Calidad: buena regular mala

Probé los siguientes *ejercicios de relajación*:
Respiración Relajación muscular
Meditación Visualización

Hoy noté las siguientes cosas positivas de mi cónyuge/hijos:

1.
2.
3.
4.

Les dije lo que había notado: Sí No
En caso afirmativo, su reacción fue: ______________

DÍA: ______________________

Dormí ____________ horas.
Calidad: buena regular mala

Probé los siguientes *ejercicios de relajación*:
Respiración Relajación muscular
Meditación Visualización

Hoy noté las siguientes cosas positivas de mi cónyuge/hijos:

1.
2.
3.
4.

Les dije lo que había notado: Sí No
En caso afirmativo, su reacción fue: ______________

DÍA: ____________________

Dormí __________ horas.
Calidad: buena regular mala

Probé los siguientes *ejercicios de relajación*:
Respiración Relajación muscular
Meditación Visualización

Hoy noté las siguientes cosas positivas de mi cónyuge/hijos:

1.
2.
3.
4.

Les dije lo que había notado: Sí No
En caso afirmativo, su reacción fue: __________

DÍA: ____________________

Dormí __________ horas.
Calidad: buena regular mala

Probé los siguientes *ejercicios de relajación*:
Respiración Relajación muscular
Meditación Visualización

Hoy noté las siguientes cosas positivas de mi cónyuge/hijos:

1.
2.
3.
4.

Les dije lo que había notado: Sí No
En caso afirmativo, su reacción fue: __________

MONITOR DIARIO: PRACTICANDO COMPORTAMIENTOS SALUDABLES EN LAS RELACIONES

En resumen: *Sé agradable, sé comprensivo, sé cariñoso, sé compasivo, sé humilde. Eso aplica para todos, sin excepciones. Sin represalias. Nada de sarcasmo mordaz. En lugar de eso, bendigan, ese es su trabajo, bendecir. Serás una bendición y también recibirás una bendición (1 Pedro 3:8, 9).*

DÍA: ____________________

Dormí __________ horas.
Calidad: buena regular mala

Probé los siguientes *ejercicios de relajación*:
Respiración Relajación muscular
Meditación Visualización

Hoy he practicado los siguientes comportamientos saludables en mis relaciones (marca todos los que correspondan):

____ **Comuniqué mis necesidades** ________ **Escuché a mi pareja/hijos**
____ **Animé y apoyé a mi pareja/hijos**
____ **Acepté la responsabilidad de mis pensamientos/sentimientos/necesidades**
____ **Expresé agradecimiento o gratitud a mi pareja/hijos**
____ **Consideré y respeté los sentimientos/tiempo/necesidades de mi pareja**
____ **Encontré algo positivo en mi pareja/hijos**
____ **Me tomé una pausa "saludable" en lugar de "alejarme".**

Hoy necesito trabajar en los siguientes comportamientos para tener una relación saludable: ____________

____

Les dije lo positivo que había notado en ellos *Sí* *No*
En caso afirmativo, su reacción fue ____________________

DÍA: ______________________

Dormí ____________ horas.
Calidad: buena regular mala

Probé los siguientes *ejercicios de relajación*:
Respiración Relajación muscular
Meditación Visualización

Hoy he practicado los siguientes comportamientos saludables en mis relaciones (marca todos los que correspondan):

____ **Comuniqué mis necesidades** ________ **Escuché a mi pareja/hijos**
____ **Animé y apoyé a mi pareja/hijos**
____ **Acepté la responsabilidad de mis pensamientos/sentimientos/necesidades**
____ **Expresé agradecimiento o gratitud a mi pareja/hijos**
____ **Consideré y respeté los sentimientos/tiempo/necesidades de mi pareja**
____ **Encontré algo positivo en mi pareja/hijos**
____ **Me tomé una pausa "saludable" en lugar de "alejarme".**

Hoy necesito trabajar en los siguientes comportamientos para tener una relación saludable: ____________
____

Les dije lo positivo que había notado en ellos *Sí* *No*
En caso afirmativo, su reacción fue ____________________

DÍA: ______________________

Dormí ____________ horas.
Calidad: buena regular mala

Probé los siguientes *ejercicios de relajación*:
Respiración Relajación muscular
Meditación Visualización

Hoy he practicado los siguientes comportamientos saludables en mis relaciones (marca todos los que correspondan):

____ **Comuniqué mis necesidades** ________ **Escuché a mi pareja/hijos**
____ **Animé y apoyé a mi pareja/hijos**
____ **Acepté la responsabilidad de mis pensamientos/sentimientos/necesidades**
____ **Expresé agradecimiento o gratitud a mi pareja/hijos**
____ **Consideré y respeté los sentimientos/tiempo/necesidades de mi pareja**
____ **Encontré algo positivo en mi pareja/hijos**
____ **Me tomé una pausa "saludable" en lugar de "alejarme".**

Hoy necesito trabajar en los siguientes comportamientos para tener una relación saludable: ____________
____

Les dije lo positivo que había notado en ellos *Sí* *No*
En caso afirmativo, su reacción fue ____________________

MONITOR DIARIO: PRACTICANDO COMPORTAMIENTOS SALUDABLES EN LAS RELACIONES

En resumen: *Sé agradable, sé comprensivo, sé cariñoso, sé compasivo, sé humilde. Eso aplica para todos, sin excepciones. Sin represalias. Nada de sarcasmo mordaz. En lugar de eso, bendigan, ese es su trabajo, bendecir. Serás una bendición y también recibirás una bendición (1 Pedro 3:8, 9).*

DÍA: ______________________________

Dormí ______________ horas.
Calidad: buena regular mala

Probé los siguientes *ejercicios de relajación*:
Respiración Relajación muscular
Meditación Visualización

Hoy he practicado los siguientes comportamientos saludables en mis relaciones (marca todos los que correspondan):

____ **Comuniqué mis necesidades** ________ **Escuché a mi pareja/hijos**
____ **Animé y apoyé a mi pareja/hijos**
____ **Acepté la responsabilidad de mis pensamientos/sentimientos/necesidades**
____ **Expresé agradecimiento o gratitud a mi pareja/hijos**
____ **Consideré y respeté los sentimientos/tiempo/necesidades de mi pareja**
____ **Encontré algo positivo en mi pareja/hijos**
____ **Me tomé una pausa "saludable" en lugar de "alejarme".**

Hoy necesito trabajar en los siguientes comportamientos para tener una relación saludable: ____________
____

Les dije lo positivo que había notado en ellos *Sí* *No*
En caso afirmativo, su reacción fue ______________________

DÍA: ______________________

Dormí ____________ horas.
Calidad: buena regular mala

Probé los siguientes *ejercicios de relajación*:
Respiración Relajación muscular
Meditación Visualización

Hoy he practicado los siguientes comportamientos saludables en mis relaciones (marca todos los que correspondan):

____ **Comuniqué mis necesidades** ________ **Escuché a mi pareja/hijos**
____ **Animé y apoyé a mi pareja/hijos**
____ **Acepté la responsabilidad de mis pensamientos/sentimientos/necesidades**
____ **Expresé agradecimiento o gratitud a mi pareja/hijos**
____ **Consideré y respeté los sentimientos/tiempo/necesidades de mi pareja**
____ **Encontré algo positivo en mi pareja/hijos**
____ **Me tomé una pausa "saludable" en lugar de "alejarme".**

Hoy necesito trabajar en los siguientes comportamientos para tener una relación saludable: ____________
____

Les dije lo positivo que había notado en ellos *Sí* *No*
En caso afirmativo, su reacción fue ____________________

DÍA: ______________________

Dormí ____________ horas.
Calidad: buena regular mala

Probé los siguientes *ejercicios de relajación*:
Respiración Relajación muscular
Meditación Visualización

Hoy he practicado los siguientes comportamientos saludables en mis relaciones (marca todos los que correspondan):

____ **Comuniqué mis necesidades** ________ **Escuché a mi pareja/hijos**
____ **Animé y apoyé a mi pareja/hijos**
____ **Acepté la responsabilidad de mis pensamientos/sentimientos/necesidades**
____ **Expresé agradecimiento o gratitud a mi pareja/hijos**
____ **Consideré y respeté los sentimientos/tiempo/necesidades de mi pareja**
____ **Encontré algo positivo en mi pareja/hijos**
____ **Me tomé una pausa "saludable" en lugar de "alejarme".**

Hoy necesito trabajar en los siguientes comportamientos para tener una relación saludable: ____________
____

Les dije lo positivo que había notado en ellos *Sí* *No*
En caso afirmativo, su reacción fue ____________________

MONITOR DIARIO: PRACTICANDO COMPORTAMIENTOS SALUDABLES EN LAS RELACIONES

En resumen: *Sé agradable, sé comprensivo, sé cariñoso, sé compasivo, sé humilde. Eso aplica para todos, sin excepciones. Sin represalias. Nada de sarcasmo mordaz. En lugar de eso, bendigan, ese es su trabajo, bendecir. Serás una bendición y también recibirás una bendición (1 Pedro 3:8, 9).*

DÍA: ______________________

Dormí __________ horas.
Calidad: buena regular mala

Probé los siguientes *ejercicios de relajación*:
Respiración Relajación muscular
Meditación Visualización

Hoy he practicado los siguientes comportamientos saludables en mis relaciones (marca todos los que correspondan):

____ **Comuniqué mis necesidades** ______ **Escuché a mi pareja/hijos**
____ **Animé y apoyé a mi pareja/hijos**
____ **Acepté la responsabilidad de mis pensamientos/sentimientos/necesidades**
____ **Expresé agradecimiento o gratitud a mi pareja/hijos**
____ **Consideré y respeté los sentimientos/tiempo/necesidades de mi pareja**
____ **Encontré algo positivo en mi pareja/hijos**
____ **Me tomé una pausa "saludable" en lugar de "alejarme".**

Hoy necesito trabajar en los siguientes comportamientos para tener una relación saludable: __________
____

Les dije lo positivo que había notado en ellos *Sí* *No*
En caso afirmativo, su reacción fue ____________________

DÍA: ______________________________

Dormí ______________ horas.
Calidad: buena regular mala

Probé los siguientes *ejercicios de relajación*:
Respiración Relajación muscular
Meditación Visualización

Hoy he practicado los siguientes comportamientos saludables en mis relaciones (marca todos los que correspondan):

____ **Comuniqué mis necesidades** ________ **Escuché a mi pareja/hijos**

____ **Animé y apoyé a mi pareja/hijos**

____ **Acepté la responsabilidad de mis pensamientos/sentimientos/necesidades**

____ **Expresé agradecimiento o gratitud a mi pareja/hijos**

____ **Consideré y respeté los sentimientos/tiempo/necesidades de mi pareja**

____ **Encontré algo positivo en mi pareja/hijos**

____ **Me tomé una pausa "saludable" en lugar de "alejarme".**

Hoy necesito trabajar en los siguientes comportamientos para tener una relación saludable: ____________

____

Les dije lo positivo que había notado en ellos *Sí* *No*

En caso afirmativo, su reacción fue ______________________

DÍA: ______________________________

Dormí ______________ horas.
Calidad: buena regular mala

Probé los siguientes *ejercicios de relajación*:
Respiración Relajación muscular
Meditación Visualización

Hoy he practicado los siguientes comportamientos saludables en mis relaciones (marca todos los que correspondan):

____ **Comuniqué mis necesidades** ________ **Escuché a mi pareja/hijos**

____ **Animé y apoyé a mi pareja/hijos**

____ **Acepté la responsabilidad de mis pensamientos/sentimientos/necesidades**

____ **Expresé agradecimiento o gratitud a mi pareja/hijos**

____ **Consideré y respeté los sentimientos/tiempo/necesidades de mi pareja**

____ **Encontré algo positivo en mi pareja/hijos**

____ **Me tomé una pausa "saludable" en lugar de "alejarme".**

Hoy necesito trabajar en los siguientes comportamientos para tener una relación saludable: ____________

____

Les dije lo positivo que había notado en ellos *Sí* *No*

En caso afirmativo, su reacción fue ______________________

MONITOR DIARIO: PRACTICANDO COMPORTAMIENTOS SALUDABLES EN LAS RELACIONES

En resumen: *Sé agradable, sé comprensivo, sé cariñoso, sé compasivo, sé humilde. Eso aplica para todos, sin excepciones. Sin represalias. Nada de sarcasmo mordaz. En lugar de eso, bendigan, ese es su trabajo, bendecir. Serás una bendición y también recibirás una bendición (1 Pedro 3:8, 9).*

DÍA: ____________________

Dormí __________ horas.
Calidad: buena regular mala

Probé los siguientes *ejercicios de relajación*:
Respiración Relajación muscular
Meditación Visualización

Hoy he practicado los siguientes comportamientos saludables en mis relaciones (marca todos los que correspondan):

___ **Comuniqué mis necesidades** _____ **Escuché a mi pareja/hijos**
___ **Animé y apoyé a mi pareja/hijos**
___ **Acepté la responsabilidad de mis pensamientos/sentimientos/necesidades**
___ **Expresé agradecimiento o gratitud a mi pareja/hijos**
___ **Consideré y respeté los sentimientos/tiempo/necesidades de mi pareja**
___ **Encontré algo positivo en mi pareja/hijos**
___ **Me tomé una pausa "saludable" en lugar de "alejarme".**

Hoy necesito trabajar en los siguientes comportamientos para tener una relación saludable: __________
____

Les dije lo positivo que había notado en ellos *Sí* *No*
En caso afirmativo, su reacción fue ____________________

DÍA: ______________________

Dormí ____________ horas.
Calidad: buena regular mala

Probé los siguientes *ejercicios de relajación*:
Respiración Relajación muscular
Meditación Visualización

Hoy he practicado los siguientes comportamientos saludables en mis relaciones (marca todos los que correspondan):

____ **Comuniqué mis necesidades** ________ **Escuché a mi pareja/hijos**
____ **Animé y apoyé a mi pareja/hijos**
____ **Acepté la responsabilidad de mis pensamientos/sentimientos/necesidades**
____ **Expresé agradecimiento o gratitud a mi pareja/hijos**
____ **Consideré y respeté los sentimientos/tiempo/necesidades de mi pareja**
____ **Encontré algo positivo en mi pareja/hijos**
____ **Me tomé una pausa "saludable" en lugar de "alejarme".**

Hoy necesito trabajar en los siguientes comportamientos para tener una relación saludable: ____________
____

Les dije lo positivo que había notado en ellos *Sí* *No*
En caso afirmativo, su reacción fue ______________________

DÍA: ______________________

Dormí ____________ horas.
Calidad: buena regular mala

Probé los siguientes *ejercicios de relajación*:
Respiración Relajación muscular
Meditación Visualización

Hoy he practicado los siguientes comportamientos saludables en mis relaciones (marca todos los que correspondan):

____ **Comuniqué mis necesidades** ________ **Escuché a mi pareja/hijos**
____ **Animé y apoyé a mi pareja/hijos**
____ **Acepté la responsabilidad de mis pensamientos/sentimientos/necesidades**
____ **Expresé agradecimiento o gratitud a mi pareja/hijos**
____ **Consideré y respeté los sentimientos/tiempo/necesidades de mi pareja**
____ **Encontré algo positivo en mi pareja/hijos**
____ **Me tomé una pausa "saludable" en lugar de "alejarme".**

Hoy necesito trabajar en los siguientes comportamientos para tener una relación saludable: ____________
____

Les dije lo positivo que había notado en ellos *Sí* *No*
En caso afirmativo, su reacción fue ______________________

MONITOR DIARIO: PRACTICANDO COMPORTAMIENTOS SALUDABLES EN LAS RELACIONES

En resumen: *Sé agradable, sé comprensivo, sé cariñoso, sé compasivo, sé humilde. Eso aplica para todos, sin excepciones. Sin represalias. Nada de sarcasmo mordaz. En lugar de eso, bendigan, ese es su trabajo, bendecir. Serás una bendición y también recibirás una bendición (1 Pedro 3:8, 9).*

DÍA: ____________________________

Dormí ______________ horas.
Calidad: buena regular mala

Probé los siguientes *ejercicios de relajación*:
Respiración Relajación muscular
Meditación Visualización

Hoy he practicado los siguientes comportamientos saludables en mis relaciones (marca todos los que correspondan):

____ **Comuniqué mis necesidades** ________ **Escuché a mi pareja/hijos**
____ **Animé y apoyé a mi pareja/hijos**
____ **Acepté la responsabilidad de mis pensamientos/sentimientos/necesidades**
____ **Expresé agradecimiento o gratitud a mi pareja/hijos**
____ **Consideré y respeté los sentimientos/tiempo/necesidades de mi pareja**
____ **Encontré algo positivo en mi pareja/hijos**
____ **Me tomé una pausa "saludable" en lugar de "alejarme".**

Hoy necesito trabajar en los siguientes comportamientos para tener una relación saludable: ____________
____

Les dije lo positivo que había notado en ellos *Sí* *No*
En caso afirmativo, su reacción fue ______________________

DÍA: ______________________________

Dormí ______________ horas.
Calidad: buena regular mala

Probé los siguientes *ejercicios de relajación*:
Respiración Relajación muscular
Meditación Visualización

Hoy he practicado los siguientes comportamientos saludables en mis relaciones (marca todos los que correspondan):

____ **Comuniqué mis necesidades** ________ **Escuché a mi pareja/hijos**

____ **Animé y apoyé a mi pareja/hijos**

____ **Acepté la responsabilidad de mis pensamientos/sentimientos/necesidades**

____ **Expresé agradecimiento o gratitud a mi pareja/hijos**

____ **Consideré y respeté los sentimientos/tiempo/necesidades de mi pareja**

____ **Encontré algo positivo en mi pareja/hijos**

____ **Me tomé una pausa "saludable" en lugar de "alejarme".**

Hoy necesito trabajar en los siguientes comportamientos para tener una relación saludable: ____________

____

Les dije lo positivo que había notado en ellos *Sí* *No*

En caso afirmativo, su reacción fue ______________________

DÍA: ______________________________

Dormí ______________ horas.
Calidad: buena regular mala

Probé los siguientes *ejercicios de relajación*:
Respiración Relajación muscular
Meditación Visualización

Hoy he practicado los siguientes comportamientos saludables en mis relaciones (marca todos los que correspondan):

____ **Comuniqué mis necesidades** ________ **Escuché a mi pareja/hijos**

____ **Animé y apoyé a mi pareja/hijos**

____ **Acepté la responsabilidad de mis pensamientos/sentimientos/necesidades**

____ **Expresé agradecimiento o gratitud a mi pareja/hijos**

____ **Consideré y respeté los sentimientos/tiempo/necesidades de mi pareja**

____ **Encontré algo positivo en mi pareja/hijos**

____ **Me tomé una pausa "saludable" en lugar de "alejarme".**

Hoy necesito trabajar en los siguientes comportamientos para tener una relación saludable: ____________

____

Les dije lo positivo que había notado en ellos *Sí* *No*

En caso afirmativo, su reacción fue ______________________

MONITOR DIARIO: PRACTICANDO COMPORTAMIENTOS SALUDABLES EN LAS RELACIONES

En resumen: *Sé agradable, sé comprensivo, sé cariñoso, sé compasivo, sé humilde. Eso aplica para todos, sin excepciones. Sin represalias. Nada de sarcasmo mordaz. En lugar de eso, bendigan, ese es su trabajo, bendecir. Serás una bendición y también recibirás una bendición (1 Pedro 3:8, 9).*

DÍA: ______________________________

Dormí ______________ horas.
Calidad: buena regular mala

Probé los siguientes *ejercicios de relajación*:
Respiración Relajación muscular
Meditación Visualización

Hoy he practicado los siguientes comportamientos saludables en mis relaciones (marca todos los que correspondan):

____ **Comuniqué mis necesidades** ________ **Escuché a mi pareja/hijos**

____ **Animé y apoyé a mi pareja/hijos**

____ **Acepté la responsabilidad de mis pensamientos/sentimientos/necesidades**

____ **Expresé agradecimiento o gratitud a mi pareja/hijos**

____ **Consideré y respeté los sentimientos/tiempo/necesidades de mi pareja**

____ **Encontré algo positivo en mi pareja/hijos**

____ **Me tomé una pausa "saludable" en lugar de "alejarme".**

Hoy necesito trabajar en los siguientes comportamientos para tener una relación saludable: ____________

____

Les dije lo positivo que había notado en ellos *Sí* *No*

En caso afirmativo, su reacción fue ______________________

DÍA: ______________________

Dormí ____________ horas.
Calidad: buena regular mala

Probé los siguientes *ejercicios de relajación*:
Respiración Relajación muscular
Meditación Visualización

Hoy he practicado los siguientes comportamientos saludables en mis relaciones (marca todos los que correspondan):

____ **Comuniqué mis necesidades** ________ **Escuché a mi pareja/hijos**
____ **Animé y apoyé a mi pareja/hijos**
____ **Acepté la responsabilidad de mis pensamientos/sentimientos/necesidades**
____ **Expresé agradecimiento o gratitud a mi pareja/hijos**
____ **Consideré y respeté los sentimientos/tiempo/necesidades de mi pareja**
____ **Encontré algo positivo en mi pareja/hijos**
____ **Me tomé una pausa "saludable" en lugar de "alejarme".**

Hoy necesito trabajar en los siguientes comportamientos para tener una relación saludable: ____________
____

Les dije lo positivo que había notado en ellos *Sí* *No*
En caso afirmativo, su reacción fue ____________________

DÍA: ______________________

Dormí ____________ horas.
Calidad: buena regular mala

Probé los siguientes *ejercicios de relajación*:
Respiración Relajación muscular
Meditación Visualización

Hoy he practicado los siguientes comportamientos saludables en mis relaciones (marca todos los que correspondan):

____ **Comuniqué mis necesidades** ________ **Escuché a mi pareja/hijos**
____ **Animé y apoyé a mi pareja/hijos**
____ **Acepté la responsabilidad de mis pensamientos/sentimientos/necesidades**
____ **Expresé agradecimiento o gratitud a mi pareja/hijos**
____ **Consideré y respeté los sentimientos/tiempo/necesidades de mi pareja**
____ **Encontré algo positivo en mi pareja/hijos**
____ **Me tomé una pausa "saludable" en lugar de "alejarme".**

Hoy necesito trabajar en los siguientes comportamientos para tener una relación saludable: ____________
____

Les dije lo positivo que había notado en ellos *Sí* *No*
En caso afirmativo, su reacción fue ____________________

MONITOR DIARIO: PRACTICANDO COMPORTAMIENTOS SALUDABLES EN LAS RELACIONES

En resumen: *Sé agradable, sé comprensivo, sé cariñoso, sé compasivo, sé humilde. Eso aplica para todos, sin excepciones. Sin represalias. Nada de sarcasmo mordaz. En lugar de eso, bendigan, ese es su trabajo, bendecir. Serás una bendición y también recibirás una bendición (1 Pedro 3:8, 9).*

DÍA: ______________________

Dormí ______________ horas.
Calidad: buena regular mala

Probé los siguientes *ejercicios de relajación*:
Respiración Relajación muscular
Meditación Visualización

Hoy he practicado los siguientes comportamientos saludables en mis relaciones (marca todos los que correspondan):

____ **Comunigué mis necesidades** ________ **Escuché a mi pareja/hijos**
____ **Animé y apoyé a mi pareja/hijos**
____ **Acepté la responsabilidad de mis pensamientos/sentimientos/necesidades**
____ **Expresé agradecimiento o gratitud a mi pareja/hijos**
____ **Consideré y respeté los sentimientos/tiempo/necesidades de mi pareja**
____ **Encontré algo positivo en mi pareja/hijos**
____ **Me tomé una pausa "saludable" en lugar de "alejarme".**

Hoy necesito trabajar en los siguientes comportamientos para tener una relación saludable: ____________
____

Les dije lo positivo que había notado en ellos *Sí* *No*
En caso afirmativo, su reacción fue ______________________

DÍA: ____________________

Dormí ____________ horas.
Calidad: buena regular mala

Probé los siguientes *ejercicios de relajación*:
Respiración Relajación muscular
Meditación Visualización

Hoy he practicado los siguientes comportamientos saludables en mis relaciones (marca todos los que correspondan):

____ **Comuniqué mis necesidades** ________ **Escuché a mi pareja/hijos**
____ **Animé y apoyé a mi pareja/hijos**
____ **Acepté la responsabilidad de mis pensamientos/sentimientos/necesidades**
____ **Expresé agradecimiento o gratitud a mi pareja/hijos**
____ **Consideré y respeté los sentimientos/tiempo/necesidades de mi pareja**
____ **Encontré algo positivo en mi pareja/hijos**
____ **Me tomé una pausa "saludable" en lugar de "alejarme".**

Hoy necesito trabajar en los siguientes comportamientos para tener una relación saludable: ____________
____

Les dije lo positivo que había notado en ellos *Sí* *No*
En caso afirmativo, su reacción fue ____________________

DÍA: ____________________

Dormí ____________ horas.
Calidad: buena regular mala

Probé los siguientes *ejercicios de relajación*:
Respiración Relajación muscular
Meditación Visualización

Hoy he practicado los siguientes comportamientos saludables en mis relaciones (marca todos los que correspondan):

____ **Comuniqué mis necesidades** ________ **Escuché a mi pareja/hijos**
____ **Animé y apoyé a mi pareja/hijos**
____ **Acepté la responsabilidad de mis pensamientos/sentimientos/necesidades**
____ **Expresé agradecimiento o gratitud a mi pareja/hijos**
____ **Consideré y respeté los sentimientos/tiempo/necesidades de mi pareja**
____ **Encontré algo positivo en mi pareja/hijos**
____ **Me tomé una pausa "saludable" en lugar de "alejarme".**

Hoy necesito trabajar en los siguientes comportamientos para tener una relación saludable: ____________
____

Les dije lo positivo que había notado en ellos *Sí* *No*
En caso afirmativo, su reacción fue ____________________

MONITOR DIARIO: PRACTICANDO COMPORTAMIENTOS SALUDABLES EN LAS RELACIONES

En resumen: *Sé agradable, sé comprensivo, sé cariñoso, sé compasivo, sé humilde. Eso aplica para todos, sin excepciones. Sin represalias. Nada de sarcasmo mordaz. En lugar de eso, bendigan, ese es su trabajo, bendecir. Serás una bendición y también recibirás una bendición (1 Pedro 3:8, 9).*

DÍA: ______________________________

Dormí ______________ horas.
Calidad: buena regular mala

Probé los siguientes *ejercicios de relajación*:
Respiración Relajación muscular
Meditación Visualización

Hoy he practicado los siguientes comportamientos saludables en mis relaciones (marca todos los que correspondan):

___ **Comuniqué mis necesidades** ________ **Escuché a mi pareja/hijos**
___ **Animé y apoyé a mi pareja/hijos**
___ **Acepté la responsabilidad de mis pensamientos/sentimientos/necesidades**
___ **Expresé agradecimiento o gratitud a mi pareja/hijos**
___ **Consideré y respeté los sentimientos/tiempo/necesidades de mi pareja**
___ **Encontré algo positivo en mi pareja/hijos**
___ **Me tomé una pausa "saludable" en lugar de "alejarme".**

Hoy necesito trabajar en los siguientes comportamientos para tener una relación saludable: ____________
____

Les dije lo positivo que había notado en ellos *Sí* *No*
En caso afirmativo, su reacción fue ______________________

DÍA: ____________________

Dormí ____________ horas.
Calidad: buena regular mala

Probé los siguientes *ejercicios de relajación*:
Respiración Relajación muscular
Meditación Visualización

Hoy he practicado los siguientes comportamientos saludables en mis relaciones (marca todos los que correspondan):

___ **Comuniqué mis necesidades** ______ **Escuché a mi pareja/hijos**
___ **Animé y apoyé a mi pareja/hijos**
___ **Acepté la responsabilidad de mis pensamientos/sentimientos/necesidades**
___ **Expresé agradecimiento o gratitud a mi pareja/hijos**
___ **Consideré y respeté los sentimientos/tiempo/necesidades de mi pareja**
___ **Encontré algo positivo en mi pareja/hijos**
___ **Me tomé una pausa "saludable" en lugar de "alejarme".**

Hoy necesito trabajar en los siguientes comportamientos para tener una relación saludable: ____________
____

Les dije lo positivo que había notado en ellos *Sí* *No*
En caso afirmativo, su reacción fue ____________________

DÍA: ____________________

Dormí ____________ horas.
Calidad: buena regular mala

Probé los siguientes *ejercicios de relajación*:
Respiración Relajación muscular
Meditación Visualización

Hoy he practicado los siguientes comportamientos saludables en mis relaciones (marca todos los que correspondan):

___ **Comuniqué mis necesidades** ______ **Escuché a mi pareja/hijos**
___ **Animé y apoyé a mi pareja/hijos**
___ **Acepté la responsabilidad de mis pensamientos/sentimientos/necesidades**
___ **Expresé agradecimiento o gratitud a mi pareja/hijos**
___ **Consideré y respeté los sentimientos/tiempo/necesidades de mi pareja**
___ **Encontré algo positivo en mi pareja/hijos**
___ **Me tomé una pausa "saludable" en lugar de "alejarme".**

Hoy necesito trabajar en los siguientes comportamientos para tener una relación saludable: ____________
____

Les dije lo positivo que había notado en ellos *Sí* *No*
En caso afirmativo, su reacción fue ____________________

MONITOR DIARIO: SUSTITUCIÓN DE LA BARRERA DE COMUNICACIÓN

DÍA: ______________________

Dormí ____________ horas.
Calidad: buena regular mala

Probé los siguientes *ejercicios de relajación*:
Respiración Relajación muscular
Meditación Visualización

Hoy me sorprendí a mí misma utilizando esta barrera de comunicación:
____

Porque dije o hice:
____

He sustituido este comportamiento por la técnica de escucha activa que consiste en:
clarificar observar preguntas abiertas resumir animar ligeramente
reconocer sus sentimientos otro
____

Observo que el resultado de este cambio fue:
____
____

DÍA: ______________________

Dormí ____________ horas.
Calidad: buena regular mala

Probé los siguientes *ejercicios de relajación*:
Respiración Relajación muscular
Meditación Visualización

Hoy me sorprendí a mí misma utilizando esta barrera de comunicación:
____

Porque dije o hice:
____

He sustituido este comportamiento por la técnica de escucha activa que consiste en:
clarificar observar preguntas abiertas resumir animar ligeramente
reconocer sus sentimientos otro
____

Observo que el resultado de este cambio fue:
____
____

DÍA: ______________________

Dormí ______________ horas.
Calidad: buena regular mala

Probé los siguientes *ejercicios de relajación*:
Respiración Relajación muscular
Meditación Visualización

Hoy me sorprendí a mí misma utilizando esta barrera de comunicación:

____

Porque dije o hice:

____

He sustituido este comportamiento por la técnica de escucha activa que consiste en:
clarificar observar preguntas abiertas resumir animar ligeramente
reconocer sus sentimientos otro

____

Observo que el resultado de este cambio fue:

____

____

MONITOR DIARIO: SUSTITUCIÓN DE LA BARRERA DE COMUNICACIÓN

DÍA: ____________________

Dormí __________ horas.
Calidad: buena regular mala

Probé los siguientes *ejercicios de relajación*:
Respiración Relajación muscular
Meditación Visualización

Hoy me sorprendí a mí misma utilizando esta barrera de comunicación:
____

Porque dije o hice:
____

He sustituido este comportamiento por la técnica de escucha activa que consiste en:
clarificar observar preguntas abiertas resumir animar ligeramente
reconocer sus sentimientos otro
____

Observo que el resultado de este cambio fue:
____
____

DÍA: ____________________

Dormí __________ horas.
Calidad: buena regular mala

Probé los siguientes *ejercicios de relajación*:
Respiración Relajación muscular
Meditación Visualización

Hoy me sorprendí a mí misma utilizando esta barrera de comunicación:
____

Porque dije o hice:
____

He sustituido este comportamiento por la técnica de escucha activa que consiste en:
clarificar observar preguntas abiertas resumir animar ligeramente
reconocer sus sentimientos otro
____

Observo que el resultado de este cambio fue:
____
____

DÍA: ______________________

Dormí ____________ horas.
Calidad: buena regular mala

Probé los siguientes *ejercicios de relajación*:
Respiración Relajación muscular
Meditación Visualización

Hoy me sorprendí a mí misma utilizando esta barrera de comunicación:
____

Porque dije o hice:
____

He sustituido este comportamiento por la técnica de escucha activa que consiste en:
clarificar observar preguntas abiertas resumir animar ligeramente
reconocer sus sentimientos otro
____

Observo que el resultado de este cambio fue:
____
____

MONITOR DIARIO: FORTALECIENDO LA AUTOESTIMA

DÍA: ______________________________

Dormí ______________ horas.
Calidad: buena regular mala

Probé los siguientes *ejercicios de relajación*:
Respiración Relajación muscular
Meditación Visualización

Hoy me he dicho la siguiente afirmación positiva: ______________________________
____

Hoy he reconocido lo que sentía y le he expresado lo que necesitaba a mi(s):
Cónyuge/pareja ______________ Hijo(s) ______________
Hoy me he cuidado así (Circula lo que corresponda): Dieta sana Ejercicio
Siendo amable conmigo misma
Otro ______________________________

DÍA: ______________________________

Dormí ______________ horas.
Calidad: buena regular mala

Probé los siguientes *ejercicios de relajación*:
Respiración Relajación muscular
Meditación Visualización

Hoy me he dicho la siguiente afirmación positiva: ______________________________
____

Hoy he reconocido lo que sentía y le he expresado lo que necesitaba a mi(s):
Cónyuge/pareja ______________ Hijo(s) ______________
Hoy me he cuidado así (encierra en un círculo lo que corresponda): Dieta sana Ejercicio
Siendo amable conmigo misma
Otro ______________________________

DÍA: ____________________

Dormí __________ horas.
Calidad: buena regular mala

Probé los siguientes *ejercicios de relajación*:
Respiración Relajación muscular
Meditación Visualización

Hoy me he dicho la siguiente afirmación positiva: ____________________

____

Hoy he reconocido lo que sentía y le he expresado lo que necesitaba a mi(s):

Cónyuge/pareja __________ Hijo(s) __________

Hoy me he cuidado así (encierra en un círculo lo que corresponda): Dieta sana Ejercicio
Siendo amable conmigo misma

Otro ____________________

DÍA: ____________________

Dormí __________ horas.
Calidad: buena regular mala

Probé los siguientes *ejercicios de relajación*:
Respiración Relajación muscular
Meditación Visualización

Hoy me he dicho la siguiente afirmación positiva: ____________________

____

Hoy he reconocido lo que sentía y le he expresado lo que necesitaba a mi(s):

Cónyuge/pareja __________ Hijo(s) __________

Hoy me he cuidado así (encierra en un círculo lo que corresponda): Dieta sana Ejercicio
Siendo amable conmigo misma

Otro ____________________

MONITOR DIARIO: FORTALECIENDO LA AUTOESTIMA

DÍA: ______________________

Dormí __________ horas.
Calidad: buena regular mala

Probé los siguientes *ejercicios de relajación*:
Respiración Relajación muscular
Meditación Visualización

Hoy me he dicho la siguiente afirmación positiva: ______________________
____

Hoy he reconocido lo que sentía y le he expresado lo que necesitaba a mi(s):
Cónyuge/pareja __________ Hijo(s) __________
Hoy me he cuidado así (encierra en un círculo lo que corresponda): Dieta sana Ejercicio
Siendo amable conmigo misma
Otro ______________________

DÍA: ______________________

Dormí __________ horas.
Calidad: buena regular mala

Probé los siguientes *ejercicios de relajación*:
Respiración Relajación muscular
Meditación Visualización

Hoy me he dicho la siguiente afirmación positiva: ______________________
____

Hoy he reconocido lo que sentía y le he expresado lo que necesitaba a mi(s):
Cónyuge/pareja __________ Hijo(s) __________
Hoy me he cuidado así (encierra en un círculo lo que corresponda): Dieta sana Ejercicio
Siendo amable conmigo misma
Otro ______________________

DÍA: ____________________

Dormí ____________ horas.
Calidad: buena regular mala

Probé los siguientes *ejercicios de relajación*:
Respiración Relajación muscular
Meditación Visualización

Hoy me he dicho la siguiente afirmación positiva: ____________________
____

Hoy he reconocido lo que sentía y le he expresado lo que necesitaba a mi(s):

Cónyuge/pareja ____________ Hijo(s) ____________

Hoy me he cuidado así (encierra en un círculo lo que corresponda): Dieta sana Ejercicio
Siendo amable conmigo misma

Otro ____________________

DÍA: ____________________

Dormí ____________ horas.
Calidad: buena regular mala

Probé los siguientes *ejercicios de relajación*:
Respiración Relajación muscular
Meditación Visualización

Hoy me he dicho la siguiente afirmación positiva: ____________________
____

Hoy he reconocido lo que sentía y le he expresado lo que necesitaba a mi(s):

Cónyuge/pareja ____________ Hijo(s) ____________

Hoy me he cuidado así (encierra en un círculo lo que corresponda): Dieta sana Ejercicio
Siendo amable conmigo misma

Otro ____________________

MONITOR DIARIO: FORTALECIENDO LA AUTOESTIMA

DÍA: ______________________

Dormí ____________ horas.
Calidad: buena regular mala

Probé los siguientes *ejercicios de relajación*:
Respiración Relajación muscular
Meditación Visualización

Hoy me he dicho la siguiente afirmación positiva: ______________________________
____

Hoy he reconocido lo que sentía y le he expresado lo que necesitaba a mi(s):

Cónyuge/pareja ____________ Hijo(s) ____________

Hoy me he cuidado así (encierra en un círculo lo que corresponda): Dieta sana Ejercicio

Siendo amable conmigo misma

Otro ______________________

DÍA: ______________________

Dormí ____________ horas.
Calidad: buena regular mala

Probé los siguientes *ejercicios de relajación*:
Respiración Relajación muscular
Meditación Visualización

Hoy me he dicho la siguiente afirmación positiva: ______________________________
____

Hoy he reconocido lo que sentía y le he expresado lo que necesitaba a mi(s):

Cónyuge/pareja ____________ Hijo(s) ____________

Hoy me he cuidado así (encierra en un círculo lo que corresponda): Dieta sana Ejercicio

Siendo amable conmigo misma

Otro ______________________

DÍA: ____________________

Dormí ____________ horas.
Calidad: buena regular mala

Probé los siguientes *ejercicios de relajación*:
Respiración Relajación muscular
Meditación Visualización

Hoy me he dicho la siguiente afirmación positiva: ____________________
____

Hoy he reconocido lo que sentía y le he expresado lo que necesitaba a mi(s):

Cónyuge/pareja ____________ Hijo(s) ____________

Hoy me he cuidado así (encierra en un círculo lo que corresponda): Dieta sana Ejercicio
Siendo amable conmigo misma

Otro ____________________

DÍA: ____________________

Dormí ____________ horas.
Calidad: buena regular mala

Probé los siguientes *ejercicios de relajación*:
Respiración Relajación muscular
Meditación Visualización

Hoy me he dicho la siguiente afirmación positiva: ____________________
____

Hoy he reconocido lo que sentía y le he expresado lo que necesitaba a mi(s):

Cónyuge/pareja ____________ Hijo(s) ____________

Hoy me he cuidado así (encierra en un círculo lo que corresponda): Dieta sana Ejercicio
Siendo amable conmigo misma

Otro ____________________

MONITOR DIARIO: FORTALECIENDO LA AUTOESTIMA

DÍA: ______________________________

Dormí _______________ horas.
Calidad: buena regular mala

Probé los siguientes *ejercicios de relajación*:
Respiración Relajación muscular
Meditación Visualización

Hoy me he dicho la siguiente afirmación positiva: ______________________________________
____

Hoy he reconocido lo que sentía y le he expresado lo que necesitaba a mi(s):

Cónyuge/pareja _______________ Hijo(s) _______________
Hoy me he cuidado así (encierra en un círculo lo que corresponda): Dieta sana Ejercicio
Siendo amable conmigo misma

Otro _________________________________

DÍA: ______________________________

Dormí _______________ horas.
Calidad: buena regular mala

Probé los siguientes *ejercicios de relajación*:
Respiración Relajación muscular
Meditación Visualización

Hoy me he dicho la siguiente afirmación positiva: ______________________________________
____

Hoy he reconocido lo que sentía y le he expresado lo que necesitaba a mi(s):

Cónyuge/pareja _______________ Hijo(s) _______________
Hoy me he cuidado así (encierra en un círculo lo que corresponda): Dieta sana Ejercicio
Siendo amable conmigo misma

Otro _________________________________

DÍA: ____________________

Dormí ____________ horas.
Calidad: buena regular mala

Probé los siguientes *ejercicios de relajación*:
Respiración Relajación muscular
Meditación Visualización

Hoy me he dicho la siguiente afirmación positiva: ____________________
____

Hoy he reconocido lo que sentía y le he expresado lo que necesitaba a mi(s):

Cónyuge/pareja ____________ Hijo(s) ____________

Hoy me he cuidado así (encierra en un círculo lo que corresponda): Dieta sana Ejercicio
Siendo amable conmigo misma

Otro ____________________

DÍA: ____________________

Dormí ____________ horas.
Calidad: buena regular mala

Probé los siguientes *ejercicios de relajación*:
Respiración Relajación muscular
Meditación Visualización

Hoy me he dicho la siguiente afirmación positiva: ____________________
____

Hoy he reconocido lo que sentía y le he expresado lo que necesitaba a mi(s):

Cónyuge/pareja ____________ Hijo(s) ____________

Hoy me he cuidado así (encierra en un círculo lo que corresponda): Dieta sana Ejercicio
Siendo amable conmigo misma

Otro ____________________

MONITOR DIARIO: FORTALECIENDO LA AUTOESTIMA

DÍA: ______________________

Dormí ____________ horas.
Calidad: buena regular mala

Probé los siguientes *ejercicios de relajación*:
Respiración Relajación muscular
Meditación Visualización

Hoy me he dicho la siguiente afirmación positiva: ______________________
____

Hoy he reconocido lo que sentía y le he expresado lo que necesitaba a mi(s):
Cónyuge/pareja ____________ Hijo(s) ____________
Hoy me he cuidado así (encierra en un círculo lo que corresponda): Dieta sana Ejercicio
Siendo amable conmigo misma
Otro ______________________

DÍA: ______________________

Dormí ____________ horas.
Calidad: buena regular mala

Probé los siguientes *ejercicios de relajación*:
Respiración Relajación muscular
Meditación Visualización

Hoy me he dicho la siguiente afirmación positiva: ______________________
____

Hoy he reconocido lo que sentía y le he expresado lo que necesitaba a mi(s):
Cónyuge/pareja ____________ Hijo(s) ____________
Hoy me he cuidado así (encierra en un círculo lo que corresponda): Dieta sana Ejercicio
Siendo amable conmigo misma
Otro ______________________

DÍA: ______________________

Dormí ____________ horas.
Calidad: buena regular mala

Probé los siguientes *ejercicios de relajación*:
Respiración Relajación muscular
Meditación Visualización

Hoy me he dicho la siguiente afirmación positiva: ______________________________

____

Hoy he reconocido lo que sentía y le he expresado lo que necesitaba a mi(s):

Cónyuge/pareja ____________ Hijo(s) ____________

Hoy me he cuidado así (encierra en un círculo lo que corresponda): Dieta sana Ejercicio
Siendo amable conmigo misma

Otro ______________________

DÍA: ______________________

Dormí ____________ horas.
Calidad: buena regular mala

Probé los siguientes *ejercicios de relajación*:
Respiración Relajación muscular
Meditación Visualización

Hoy me he dicho la siguiente afirmación positiva: ______________________________

____

Hoy he reconocido lo que sentía y le he expresado lo que necesitaba a mi(s):

Cónyuge/pareja ____________ Hijo(s) ____________

Hoy me he cuidado así (encierra en un círculo lo que corresponda): Dieta sana Ejercicio
Siendo amable conmigo misma

Otro ______________________

CRÉDITOS

www.ingramcontent.com/pod-product-compliance
Ingram Content Group UK Ltd.
Pitfield, Milton Keynes, MK11 3LW, UK
UKHW050141280726
14058UKWH00006B/774

9 798823 327176